高等教育管理理论探索

任丽伟 张 敏 肖 华◎著

经济日报出版社

北 京

图书在版编目(CIP)数据

高等教育管理理论探索 / 任丽伟，张敏，肖华著．
北京： 经济日报出版社，2025. 1
ISBN 978-7-5196-1486-7

Ⅰ．①高… Ⅱ．①任… ②张… ③肖… Ⅲ．①高等教
育—教育管理—研究—中国 Ⅳ．①G649.2

中国国家版本馆CIP数据核字（2024）第 089382 号

高等教育管理理论探索

GAODENG JIAOYU GUANLI LILUN TANSUO

任丽伟　张　敏　肖　华　著

出　　版：经济日报出版社

地　　址：北京市西城区白纸坊东街 2 号院 6 号楼 710（邮编 100054）

经　　销：全国新华书店

印　　刷：北京文昌阁彩色印刷有限责任公司

开　　本：710mm×1000mm　1/16

印　　张：11.5

字　　数：180 千字

版　　次：2025 年 1 月第 1 版

印　　次：2025 年 1 月第 1 次印刷

定　　价：58.00 元

前　言

国家高等教育改革的全面实施，为我国高等教育提供了良好的发展机遇，也在很大程度上促进了高校教育管理的不断完善和优化。在高等教育改革不断深化的过程中，高校教育管理的思维理念、方式方法也须与时俱进地创新，才能满足当下的教育教学要求。面对时代的发展、行业的需求和企业岗位的需要，我国高等教育新阶段呈现出多样化、个性化和现代化等新特征。同时，"互联网+""智能+"的在线教学已经成为世界高等教育重要发展方向。在这一背景下，以学生为中心，建立新型教与学关系，探究教育管理理念的策略具有必要性和实用性。创新教育理念是推动高校学术、教学与管理全面深化改革的重要思想体系，在创新教育理念的指导推动下，我国高校教育管理的体制、策略和实践体系均发生了显著变化。

本书对高校教育管理进行了分析，首先讲述教育管理功能、教育管理原则、教育管理价值，对高校教育管理、高校学生管理、高校人力资源管理进行了探究；同时指出高校创新教学的思路与策略，并对新形势下高等教育管理的创新发展提出了建议；本书还研究了大数据环境下高等教育管理的信息化建设，旨在摸索出一条适合现代高校教育管理工作的科学道路，帮助读者在应用中少走弯路，运用科学方法提高效率。我们相信，本书的出版对高校教育管理的应用具有一定的借鉴意义。

本书在撰写过程中参考了一些专家学者的研究成果和资料，在此表示感谢。由于时间仓促，加之水平有限，不足之处在所难免，恳请专家和广大读者提出宝贵意见，以便修订时改进。

任丽伟　张敏　肖华

2023 年 12 月

目　录

第一章　高等教育管理概述

第一节　高等教育管理的基本概念

一、管理的一般概念

一般地说，管理一般是指在特定的环境下，对组织所拥有的资源进行有效的计划、组织、领导和控制，以便完成既定的组织目标的过程。也有人认为，管理是人们依据社会发展的客观规律和在特定历史条件下对各种规律的表现方式有意识地调节社会系统内外的各种关系和资源，以便达到既定的系统目标的过程。很显然，这两个方面的表述并不矛盾，只是表述的方式稍有差别而已。前面的表述直接一些，比较简练直观；后面的表述比较宏观一些，从社会系统和方法的角度进行表述，这一表述的含义包括以下三个方面：

第一，管理是为实现组织目标服务的，是一个有意识的、有目的的活动过程。管理是任何组织不可或缺的，但绝不是孤立存在的。只要有组织及其活动，就存在管理问题。就管理本身而言，管理不具有自己的目标，不存在为管理而管理，没有活动也就不存在管理问题，管理是依附于活动而存在的，组织活动的目标就是管理的目标，而管理是服务于组织目标的。

第二，管理活动是通过一系列相互关联的资源要素所进行的，管理工作就是要综合运用组织中的各种资源要素，通过计划、组织、控制等来实现组织目标，达到活动的目的，这就成为管理的基本职能。

第三，从管理本身来讲，管理活动应该按照自己的规律进行，但是，现实管理活动中的资源并不是孤立存在的，管理工作是在一定环境条件下进行的，管理是一种社会活动，有效的管理必须充分考虑组织的特定环境。

"一般管理理论"最早诞生在法国。当泰勒及其追随者正在美国研究和倡导生产作业现场的科学管理原理和方法的时候，大西洋彼岸的法国诞生了组织管理的理论，被后人称之为"一般管理理论"或者"组织管理理论"。① 与泰勒主要研究基层作业的管理理论不同的是，"一般管理理论"是站在高层管理者的角度研究组织管理问题，在此基础上，现代管理理论的研究发展很快，形成许多管理的经典理论和理论体系。根据研究管理的对象不同，可分为广义的管理和狭义的管理。广义的管理可以是针对大自然中的万事万物的管理，狭义的管理只是针对某项具体活动以及这些活动中的资源所进行的计划、组织、领导、控制。一般我们研究的管理是指狭义的管理，是指组织管理、行为管理、活动的管理。活动的结果，实际上是人的能动性的结果，管理的实质是人，是管理者与被管理者之间发生的矛盾的解决。既然这样，那么，管理就是管理者、被管理者、事项三方形成的特定的活动。

对于管理的分类，现代管理一般可以从多个方面进行划分。一是从活动的规模可以分为宏观管理和微观管理，二是从具体的活动的内容可以分为综合管理和专项管理。另外，从管理的形式上，又可以分为紧密管理和松散管理，当然，这些区分也只是相对的。

二、管理的基本理论

管理的基本理论有很多，特别是随着现代社会的发展，人们的认识水平不断提高，社会活动不断丰富，社会财富与利益驱动机制更加强烈，新的管理理论在创新、在发展。而系统管理理论、人本管理理论、目标管理理论、标准化管理理论、组织管理理论、模糊管理理论、混合管理理论等只是众多管理理论中的一部分，他们既是管理的理论，也是管理的思想和方法。

（一）系统管理理论

系统管理理论指出，管理的任务就是协调系统中的各个子系统以及系统要素，以保持系统的动态平衡，取得系统最佳运行效果。这种管理理论及其方法的核心是把管理作为一个整体的系统，系统就要有系统要素，系统要素就是人、物、活动及其项目。这种管理理论和方法一般应用在大的军事战略、建设工程、

---

① 杨仕梅，李晓楠，曾霞. 管理学 [M]. 北京：北京理工大学出版社，2017.

大型活动（内容复杂、组织规模大、投入量大、长时间与长周期）较为合适，当然，这些也只是相对的，因为大和小本身就是相对的。

（二）人本管理理论

人本管理理论和方法是以人为中心的管理，实际上，这种管理理论和方法是最难以做好的，如果把握不好，甚至有时候还会出现偏颇。有效的人本管理实质是人的权力的利用和利益的分配，在这种过程中，既要尊重人，又要让人的潜能充分发挥，往往有时候存在一个两难的矛盾。以人为本的管理目的就是发掘人的最大潜能，这种潜能并不完全是指被管理者的，同时也包括管理者，管理者的潜能是工作的积极性和表现出来的工作效益，被管理者的潜能是管理者的思想和艺术施加结果的体现，二者的结合才能达到管理的最佳效果。人本管理理论虽然是一个相对比较早的管理理论，但是在实践中成熟应用的并不是很多很好。究其原因，传统的、单纯的人本管理理论十分强调管理的"人"这个素质，可以说，低素质的人是绝对运用不好人本管理理论的，一个管不好自己的人同样地也是管理不好别人的，更不用说有效地运用好人本管理理论。不过，现代的人本管理理论加入了一些新的元素，可以说是现代的人本管理理论的发展。

（三）目标管理理论

目标管理理论和方法是一种与利益相关联的刚性管理模式。这种管理理论和方法实际上是与价值理论密切相关的，甚至可以说是以价值理论为基础的。要有一个预先设置的价值目标，然后以这种价值目标的实现为核心而展开的管理活动。价值目标的认同是关键，是目标管理的前提。价值目标的确立也是十分重要的，价值目标必须通过全体成员认同，目标管理理论强调组织目标的制定要得到所有组织成员的认同，没有认同感的组织目标是不切实际的，是难以达到的。有人说目标管理只是注重结果，这是十分错误的，最新的目标管理理论不仅仅是注重管理活动的一头一尾，除了最先确定的价值目标、最终对完成价值目标的检验结果外，还对过程实施严格监督，让目标按既定的方向完成，不要等到问题成了堆，最后成为一个很糟糕的结果，既成事实不是目标管理的目的，要让管理者与被管理者通过共同的努力，一步一步地向既定目标靠近。实现以价值目标为中心而组织的目标管理活动，是一种刚性的量化管理，因此执行也是刚性的。目标管理理论除了注重价值目标外，具体的应用还有一个公平理论问题，这是由目标管理理论的刚性所决定的。

（四）标准化管理理论

这种管理理论和方法是在专业化管理的基础上，由管理者组织专家制定管理的标准，要通过一定的法律法规程序予以确定。这种管理的思想十分明确，最朴素的道理就是"没有规矩不成方圆"。一方面，标准化管理虽然是组织和专家行为，但标准并不是武断和空穴来风，既要有权威性，又要有社会基础和群众基础，通过科学的过程来制定。在这一过程中有两个十分重要的环节，一个是标准的制定，另一个是标准的执行。另一方面，标准化管理有时候可能还是成败的关键，在管理活动中，有了标准不好好地执行，或者执行起来走样，必将导致标准化管理的全面失败。当然，这不是标准化本身的问题，是实施标准化管理的实践问题。

（五）组织管理理论

组织管理理论和方法的实质是最高决策层通过设置管理的各级组织，规定各级组织的职能，通过领导核心、组织授权、组织实施等进行的管理。组织管理的重点是组织结构的设计，关键是组织职能的授权。同时，也有人把它归结到组织的层级管理理论、组织的能级管理理论、组织的行为管理理论。组织管理理论要有严密的组织结构，要有明确的组织目标和组织功能，同时，要有一套有效的组织运作机制，否则，再好的科学组织，再完善的组织功能，没有好的运作机制不可能活起来，甚至导致组织管理活动不可能有效地展开。

（六）模糊管理理论

这是一种现代的管理思想和方法，特别是在软管理方面，运用模糊教学的管理思想与技术进行管理。这是一种在高层次的人群中实施的行为管理，是一种软性管理。简单管理没有必要运用模糊管理，一般是在复杂的、庞大的、中长周期的、高智商的管理活动中实施。

（七）混合管理理论

实际上，我们通常的组织活动中，特别是比较大的组织系统中，运用得比较多的是混合管理模式。混合管理是一种多种管理思想和方法的组合，在规模比较大的组织中，管理的内容又比较复杂，头绪又很多，多种活动项目的性质差距较大，运用某一种方式进行全盘的统领往往是不可能的，这就需要运用混合管理的理论和方法来完成。

三、高等教育管理概念

根据高等教育的目的和发展规律，调配高等教育资源，调节高等教育系统内外的各种关系，进行有效的计划、组织、领导和控制，以便达到既定的高等教育系统目标的过程。这是通常给出的高等教育管理的定义。

从教育管理的层面上讲，高等教育是中等教育基础之上的教育；从管理分类上讲，也可以分为宏观高等教育管理和微观高等教育管理。

从管理的内容上讲，可以分为宏观高等教育管理中的战略规划管理、宏观调控管理，微观高等教育管理中的教育组织内部具体教育管理活动。

从定义分析，高等教育管理具有三层含义：

第一，高等教育管理的依据。高等教育管理的概念首先指明高等教育管理活动的依据是高等教育的目的和发展规律。高等教育的目的是为社会提供各级各类的高级专门人才，各级各类高级专门人才的教育是指：在类别上为普通高等教育、成人高等教育；在性质上为公办高等教育、民办高等教育；在层次上为专科教育、本科教育、研究生教育。这些教育的目的和目标是管理的根本依据。高等教育受到学生身心发展的影响，通过德育、智育、体育、美育、劳动教育等过程，培养全面发展的人，只有把人作为社会关系的总和来看待，才能对人的发展有全面的理解。因此，各级各类教育过程都有其自身的客观内在规律，只有正确认识它们的客观规律，才能实施科学的管理。高等教育必须受到一定经济、政治、文化的制约，并为一定的经济、政治、文化发展服务。因此，生产力和科学技术的发展水平，社会制度、文化传统都对高等教育活动产生制约；无论是国家宏观的高等教育发展政策的制定，还是高等学校培养人的过程，都必须遵循高等教育的目的和高等教育发展的客观规律。这也是高等教育管理的出发点。

第二，高等教育管理的任务。高等教育管理的概念指出了高等教育管理的任务，就是有意识地调节高等教育系统内外各种关系和高等教育资源，以适应高等教育系统发展的客观规律。从一个国家或者地区来讲，高等教育系统是国家或者地区社会系统中的一个子系统；从高等教育组织系统来讲，高等学校也是一个社会子系统。由于系统中存在着多种矛盾，因此，高等教育管理的任务就是协调并最终解决系统中存在的矛盾。在高等教育管理中，要用系统论的眼光来设计高等教育的整体和各部分之间、要素与要素之间、学校系统与外部环境之间、学校系统内部的子系统之间的相互关系，树立整体的观念，并通过有效的管理实现系统要素间的整体优化。

第三，高等教育管理的目的。高等教育管理的概念还指明了高等教育管理的结果是不断促成高等教育系统目标的实现。高等教育管理的目的最终也只是高等教育目的的一种辅助性（工具性）目的。在高等教育系统中，培养人的目的是高等教育的根本目的，高等教育系统的一切工作（包括管理工作）都必须围绕这一目的展开，对高等教育系统中各种关系和资源的协调构成高等教育管理的目的，它的目的是通过有效的管理，确保高等教育实质性目的的实现。因此，高等教育管理最终也只能是手段。当然由于高等教育管理有其自身的需要，其自身也有目的，如效率就是管理的目的之一，但它是通过有效的管理来保证高等教育目的有效实现的。

综上所述，不论是宏观的高等教育管理，还是微观的高等教育管理，所依据的是国家的教育方针，组织的发展目标，活动的游戏规则，高等教育的基本规律，社会政治、经济、文化的发展背景与环境，通过立法的、行政的、经济的、市场的等手段进行协调和控制，保证高等教育人才培养质量、推动科学文化知识创新、促进社会进步等目标的实现，最终实现高等教育的可持续发展。

第二节　高等教育管理的本质属性

一、高等教育管理的本质

高等教育系统相对于其他社会系统有其独特的活动主体和活动目标，这就使高等教育管理同其他社会系统的管理区别开来，表现出它的特殊性。高等教育的总目标是：培养高级专门人才和发展科学技术文化并与社会经济发展的需要相适应。高等教育管理活动就是要在总目标的指导下，把对高等教育系统的战略规划、资源调配通过制度和机制进行协调。高等教育管理的本质就是协调高等教育系统有限资源的投入与高效益地实现高等教育总目标的矛盾。

无论高等教育有多么复杂，无论把高等教育系统分解为怎样的子系统，高等教育系统都必然要求各子系统在目标上协调一致。不仅要求每个子系统的目标与整体目标相协调一致，也要求每个子系统的目标与自己内部的组织成员的个体目标相互协调。更重要的是，每个系统的目标与实现这些目标的条件之间需要相互协调，形成管理活动的整体性和普遍性，即每个系统都需要协调。高等教育系统内部的等级层次性导致了高等教育管理活动也具有层次性，形成一个多层的、多级的、专门的分系统，即集合成高等教育的管理系统。协调就是蕴含于各个子系统之间，对各个子系统的目标设计、资源筹集和分配，分析系统的活动信息，即通过政策、制度和一些技术手段等协调系统成员的活动，以达到系统所设计的目标。从事这些专门活动的管理人员（或称管理者）的活动所构成的有机整体就是管理系统。

马克思在《资本论》中对"管理"曾有过精辟的论述："一切规模较大的直接社会劳动或共同劳动都或多或少地需要指挥，以协调个人的活动，并执行生产总体的运动（不同于这一总体的独立器官的运动）所产生的各种职能。一个单独的提琴手是自己指挥自己，一个乐队就需要一个乐队指挥家。"①

马克思的这一段话，揭示了管理协调所包含的以下几个含义：

第一，管理是集体协作劳动的共同需要，即"或多或少地需要指挥"；

第二，管理必然有管理者，管理协作对象主要是组织及其成员；

第三，管理是执行生产总体运行所产生的各种职能；

第四，管理的职能主要是指挥和协调他人的活动，同时把自己也处于管理活动之中，以取得成效；

第五，管理的目的是取得比"各个独立的运动"之和更大的效益。

---

① 马克思. 资本论第 1 卷 [M]. 北京：人民出版社，1972：367.

　　管理活动的普遍性（指管理活动作为人类活动的一个重要方面）普遍存在于所构成的各种组织机构中。专门管理者的出现体现出社会系统在结构层次上的性质，表明个人在社会系统中具有的不同位置、作用和性质。既然管理活动中人是管理的主体，显然，管理活动的施加，权力是管理系统赖以存在的基础，权力对人的活动的约束性使人们按一定的方式组织起来，以便实现系统的整体目标，也在一定的程度上体现了权力在协调中的作用。协调或称调节是指调整或改善高等学校与校外以及校内各部门或成员之间、上下左右各方面的关系。就一个国家和地区来讲，把高等教育放到社会的大背景中，政府对高等教育的协调是使高等教育的层次、规模、结构、水平、质量、效益的协调发展，与社会的政治、经济、文化的发展相适应，如果不相适应，就必须进行协调。就高等教育的组织——学校来说，它是高等教育系统中的子系统，学校组织的类型因区域的差别、体制的差别、机制的差异、管理者的差异等出现差异，存在的矛盾是多种多样的，有总体目标与部分目标之间的、有长期规划与近期打算之间的、有整体利益与部门利益的、有组织利益与个人利益之间的矛盾，这些矛盾如果不加以协调和解决，就会影响到高等教育系统的运行和发展，也会影响高等教育效益的最优化。高等教育的协调任务与高等教育管理的本质要求是相一致的，体现了高等教育管理的基本矛盾和本质特征。作为高等学校的管理者，通过领导的权威性和艺术性来调配和协调组织内部的各种资源，实施有效的管理。

　　了解管理活动中冲突的本质才能对症下药进行协调。冲突是指由于工作群体或个人试图满足自身需要而使另一工作群体或个人受到挫折时的社会心理现象。冲突表现为双方的观点、需要、欲望、利益或要求不兼容而引起的一种激烈斗争。冲突是人类社会的一种普遍现象，它具有有利和有害两种结果。从有利的方面看，冲突的解决能促进组织的发展，可以增强干劲，形成一种激励力量，它还能促进交流，诱发创新。从有害的方面看，冲突使人产生情绪压力，影响人的身心健康，剧烈冲突带来的破坏作用会浪费资源，不及时解决冲突会影响组织运转，破坏组织目标的实现。因此，必须探讨冲突产生的根源及其解决途径和方法，便于协调。

　　一般地说，在集体组织成员之中总是存在许多不一致，其中，某些不一致可能上升为矛盾（程度不一的矛盾），这些矛盾关系中比较激烈的便会转变为明显或不明显的冲突。冲突一般分为三种类型：第一种是认知型冲突。由信息因素、知识因素、价值观因素等引起的冲突都属于认知性冲突。这种冲突随着双方认识趋于一致就能得到缓和与克服。第二种是感情型冲突。这是一种非理性因素引起并为这种非理性因素所控制的冲突，也可能是由认知性因素所诱发，最后为非理性因素所支配的冲突。个性相抵是这种冲突最常见的诱因，它持续时间长，破坏性大。第三种是利益型冲突。这是一种由本位因素引起的目标冲突。社会中的个人和群体在处理问题时所关心的利益不同，从本位出发就可能引发矛盾和冲突，伴随利益的再分配，这种冲突可以克服。在日常的社会活动中，随处存在可能导致冲突的根源，一旦有了起因，这种潜在的冲突随时会转变为现实的冲突。

产生冲突一般有以下原因：

一是人的"个性"。从人的本性讲，不满情绪积累到一定程度就会形成冲突，需要有适度的发泄。

二是有限的资源争夺。资源在一所高校总是有限的，而需要却是无限的，为争夺有限的资源而产生的冲突在所难免。

三是价值观和利益的冲突。不同经历的人价值观容易形成冲突，部门和个人都可能因利益而形成冲突。

四是角色冲突。由于个人和群体所承担的角色不同，而不同的角色都有其特定的任务和职责，从而产生不同的需要和利益，因而发生冲突。

五是追逐权力。它是一种权力欲望的争夺。

六是职责规范不清楚。其导致对任务的要求产生冲突。

七是组织的变动。组织的变动会导致利益的重新组合而产生冲突。

八是组织风气不佳。如领导的矛盾和派系"传染"给整个组织而形成的冲突。

单从冲突的结果看无外乎三种可能：一胜一败、两败俱伤、两者全胜。

显然前面两种结果都不是理想的结果，这些结果往往潜伏着第二次更大的冲突，领导过程应尽量避免这两种结果出现。第三种结果是在双方都较满意的基础上解决冲突而得到的，这是可取的解决问题的方案，这就需要很好地协调，有效地协调是我们最终的目的。

冲突的协调与解决方法：

第一，认知型冲突的协调。在高等教育系统中，从宏观方面来讲，在高等教育如何适应国家政治、经济、文化的发展，每一个发展时期如何规划，区域高等教育的发展、高等教育发展速度的快慢、高等教育的科类层次结构等的确定，不同的决策者及管理者会产生不同的意见，甚至矛盾。在微观高等教育管理中，学校教育是非常具体的管理活动，对于学校如何定位、如何发展、如何运用有效的教育资源，在培养目标、课程设置、培养计划的拟定和实施、教学与科研活动的具体展开、各项工作的总结评价等方面都可能出现一些不一致和矛盾，甚至会形成明显的冲突。一般来讲，增加交换看法、进行交流协商的机会，消除可能由于误会与信息不全所导致的认识目的不一致；进行"和平谈判"，把对各种原因和结果的认识都拿到桌面上来，这需要领导者的权威和协调能力；提供学习机会，提高大学组织内成员的认识能力和观念水平，这不仅针对冲突双方，而且针对冲突涉及的各方，大家都需要提高自身的认识水平；调整或改善组织内部有关结构，使各种不一致、矛盾和冲突能够最大程度地被比较完善的组织结构和人员组合（搭配）所"稀释"和"化解"；用超然的态度承认并超越某种冲突，这种方法可能有助于解决某种矛盾冲突。具体来讲，要解决这类矛盾和冲突，最好的办法就是在学习和研究的基础上，开展对高等教育的教育思想、教育观念的大讨论，进行认知统一，要提供公开交流的平台和场所，进行认知交流，认知融化，消除和化解形成矛盾和冲突的原因，使组织成员和冲突各方在观点上达成一致，或者提高他们的认识水平。

第二，感情型冲突解决的方法。这是一种非理性的冲突，主要存在于微观高等教育管理的活动中，相对于某个方面的具体事项，带有个人的情感色彩。其原因可能是一些微不足道的小事，也可能是不同的性格、爱好，甚至可能找不到"原因"。在高等教育系统中，解决这类冲突的方法可以通过提高成员的心理素质，使其具有承受一定的情感冲突的能力；提高认识水平，认识冲突的原因是微不足道的，认识冲突的结果可能会产生严重后果；施行合理而公正的奖惩手段，坚持规章制度的原则性，对于坚持感情办事而导致不良后果的，作出制度上的处理；进行感情牵引，引导感情向有益的方向发展，如完善和改进目标管理，把成员的注意力集中到实现高等教育目标上去。对于某些历史性的感情冲突，最好的解决办法也许是让时间这位"老人"来协调解决，因为时间可以抚平某些感情创伤，并教给人许多书本上没有的道理。

第三，利益型冲突的协调。利益冲突有一种特征，如果利益的消长或损益幅度不超过某一程度，则这种冲突不仅不可怕，而且对集体的凝聚力和组织目标没有太大的影响或破坏作用；如果超过了某一较高程度，则会导致整个组织或系统的瓦解与毁灭。因此，需要解决并能够解决的利益冲突基本上都是处于这两者之间的利益冲突。利益冲突是冲突各方在各自追求效用最大函数值（或最大利益）的过程中构成的冲突。利益冲突所围绕的中心就是利益，而利益在各人的眼中是不一致的。一般说来，出现冲突时，组织中可能存在无数个个体利益或自身利益，也可能存在多个不同规模的共同利益，但最大的共同利益只有一个。对于作为利益代表的个体或群体来说，他们的自身利益也只有一个最大值，这两个最大值就是"自利最优解"和"共利最优解"。解决利益冲突的关键在于如何进行利益的重新分配。如果借用函数求解的方式，当代表多方利益的曲线处于同一坐标系时，共利最优解就不难找到，但要把共利最优解和自利最优解结合起来就不容易了。寻找各方的自利最优解和共利最优解，实际上是一个人对利益的产生和形成的分析过程，而要使自利最优解和共利最优解取得一致，则不仅是一个分析过程，而且是一个策略的实施过程。另外，它们也不是一成不变的，它们会因环境变量的改变而发生变化。因此，利益冲突的解决是一个因地制宜的过程。在高等教育系统中，各子系统，甚至更小的群体和个人，都有自己的切身利益。他们在实现系统目标的过程中也同样追求自己的切身利益。比如，高校教师在进行教学科研工作时，一方面在完成高等教育的任务，另一方面也在追求自身的利益——职务的晋升和自我价值的实现。这里，职务晋升就是引起冲突的原因之一，特别是当候选人远远多于晋升名额时，冲突就异常激烈，如何确定好公平合理的晋升方案就是解决冲突的关键。此外，在人员任免、经费分配、改革方案实施等方面，同样存在着各种利益冲突。如果忽视这些矛盾和冲突，尤其是利益上的矛盾和冲突，要想调动全体教职工的积极性，充分发挥他们的创造精神，就可能成为一句空话。在解决这种矛盾时，有两个办法，一是通过政策法规来约束，明确整体与局部利益、局部与局部利益、个人与组织利益、组织与组织利益、个人与个人利益的关系，公平公正地解决这些利益冲突；二是应注意加强思想政治工作，把物质奖励和精神鼓励结合起来，处理好国家、集体、个人三者之间的关系，这是高等教育领导必须研究和解决的重要问题。

总之，要充分认识高等教育系统中存在的矛盾运动规律，特别是在微观高等教育管理中，要按照矛盾运动规律来解决这些问题。具体来讲，个人与个人之间的矛盾主要表现在工资福利、提级晋升、表彰奖励、教育经费分配以及学术观点等方面，此时应遵循公正、平等的原则。在个人与整体的矛盾方面，要使系统整体目标与个人的目标相一致，当两者一致时，个人目标的实现可以通过整体目标的实现来达到，整体目标的实现是个人目标得以实现的前提条件。从宏观方面来讲，系统与环境之间的矛盾表现为对高等教育投资少与实现高等教育系统目标、政府包揽过多与高校缺乏办学自主权等方面的矛盾，应该也只能通过政策、体制去解决这些矛盾。

但是，高等教育系统的三种矛盾是有机地联系在一起的，每一矛盾系列的解决都关联到其他矛盾系列的解决。因此，在高等教育管理活动中，要从整体出发去解决高等教育系统所存在的矛盾，即进行系统的科学的管理。如果不从整体的角度去处理系统内部的矛盾及系统与环境之间的关系，看不到矛盾之间的相互关系和相互转变，那么，就会激化矛盾，破坏高等教育系统内部的稳定性，就不可能实现高等教育系统的整体目标。例如，个人的合理需要得不到满足就会抑制个人的积极性和创造性，个人在工作中就会表现出动力不足，主动精神不够。一旦个人在工作中缺乏主动性就会大大降低劳动效果，这样培养出来的人才质量就难以达到预期的目标。而人才质量的降低，又会引起社会上人才供需关系的变化。这种关系反过来又抑制高等教育的运行和发展。同样，如果系统的整体目标与实现这些目标的现实条件差距过大，则目标就难达到，反过来又会挫伤人的积极性。所以，高等教育系统目标的实现过程本质上是一个系统与环境、系统内部矛盾关系不断得到协调和解决的过程。

其实，我们要辩证地看矛盾，特别是高等教育管理活动中的矛盾，从矛盾的普遍性来看，所有的矛盾有共性的东西，因为产生矛盾的规律性都是一样的。首先，我们要认识到矛盾的存在是必然的，不存在没有矛盾的社会，不存在没有矛盾的管理，人的价值观各异，认识方法和认识水平各异，有矛盾是很正常的，不要因为有了矛盾就惊慌失措。根据动态平衡的观点，管理活动中要有矛盾，有矛盾不是坏事，通过制造合理的矛盾，挑起正常的冲突，当然只是思想上的冲突，在冲突中谋求一致，达到矛盾的解决，达到平衡。要善于处理和解决矛盾，矛盾出现不可怕，可怕的是当矛盾出现以后，我们束手无策，或者捂住矛盾，或者任其发展，我们有些管理者不善于解决这类认知型冲突的矛盾，甚至不愿意去正视。另外，最不可取的是压制矛盾，结果造成矛盾的激化，这样一来可能会带来新的、更大的冲突，产生更大的矛盾，因为没有解决矛盾，只是转移了矛盾的方向，使小的矛盾演变成了大的矛盾。

高等教育管理中对待矛盾与冲突问题要注意两个方面：

第一是避免人为地制造矛盾和冲突。从源头上避免矛盾与冲突的出现，这就是我们要注意的源头方面。在制定各种政策制度时要科学合理，要经过专家论证和民主决策，千万不要匆忙出台不合时宜的政策制度，特别是避免"头痛医头、脚痛医脚"的政策制度出台，为矛盾与冲突埋下祸根。在管理活动中尽量避免矛盾与冲突。管理活动中尽量地避免矛盾与冲突的办法有很多，其中之一是管理活动的透明、公开、公正，而透明的前提是游戏规则的认同。在游戏规则认同的前提下，游戏的运作必须透明、公开、公正，只有这样，才能有效地避免矛盾和冲突。我们知道，高等教育管理的本质特征与企业管理、经济管理有很大的差别，高等教育的管理在具有行政性一面的同时，又是学术性很强的专业管理。行政管理需要很强的透明度，学术管理除了在知识产权和技术层面上比较透明外，纯粹的管理活动更需要讲求透明、公开、公正。只有把握好了透明、公开、公正的度，才能避免管理活动中人为地制造矛盾和冲突。

第二是实事求是地化解矛盾与冲突。矛盾与冲突在管理活动中始终是存在的，关键在于如何去化解。化解矛盾与冲突要本着实事求是的态度，首先，要敢于承担由于管理者的原因引起矛盾与冲突的责任，用真诚来化解矛盾与冲突。其次，一旦矛盾与冲突出现，既不要大惊小怪，也不要消极怠慢，要以积极的心态与行动去化解，把矛盾与冲突造成的后果降低到最小的程度。

二、高等教育管理的属性

在社会活动中，为了与高等教育系统整体性相适应，高等教育管理一开始就提出两个目标：一是为使个体同整体相适应，用系统整体去整合各系统的个体，以实现系统整体功能的目标。二是为了实现系统效益的最大值，要求把具有一定功能行为的个体有机地结合在一起，达到系统最大的"结合力"功能的目标。只有这两个目标的结合，才能使系统整体功能大于系统中各分散个体功能之和。这是高等教育管理的系统属性。这两个目标的矛盾运动规定了高等教育管理的两条基本规律：第一，高等教育管理的自然属性与社会属性趋于一致的规律。自然属性具体表现为高等教育管理的个性和特殊性，社会属性具体表现为高等教育管理的历史继承性和为阶级服务的政治性。第二，高等教育管理的封闭性与开放性的矛盾统一的规律。这是高等教育管理最重要的本质属性。

（一）自然属性与社会属性

高等教育管理的自然属性主要表现在普遍性方面。高等教育的管理是一种社会活动，社会活动的有序进行就需要进行管理，因此，高等教育管理是社会活动中普遍存在的一种管理现象。不论哪个国家，无论哪个历史时期，只要存在高等教育活动，就存在各种培养高级专门人才的活动（包括专业设置、培养目标、课程设计、教学过程、教学方法、教学手段等），就有进行管理的必要。在当今社会中，高等教育已成为一种国民的素质需求乃至消费需求，成为一种国家和民众的普遍需求，特别是在高等教育大众化的时代，高等教育管理已成为一种普遍的专业管理。高等教育管理的共性方面，即高等教育管理在各个历史发展时期都具有明显的共同点，这些共同点不因国家的政治、经济、文化等差异而有所变更，也不因历史时期的变化而消失。正是由于这种共同性，中国传统高等教育中的优秀部分才会继承和发扬，如唐朝的高等学府在教学管理上制订较详细的教学计划，规定了严格的考核制度，放假、升级与退学等都有明确的规定。唐朝太学退学的规定有三条：请假逾期不返校者，令其退学；学满最高修业年限三次不及格者，令其退学；品德行为恶劣不堪教育者，令其退学。这些管理仍有其现实意义。与现代大学有历史渊源关系的欧洲中世纪大学，一开始就建立包括文法学、哲学和医学等学院，这种校院制一直被后来的大学所采用，随着课程的发展，学习制度发展成最初的学位制，这种制度对以后的大学学位制度产生了深远的影响。如在法学、哲学、医学等学科，都规定有不同的学习年限，需要学习若干门课程，还要实习讲授一定量的课程，然后才能申请学士、硕士和博士学位，之后，还要接受一次口试和辩论，经评审批准，才能戴上硕士、博士帽。现代大学申请硕士、博士学位程序基本同过去一样，只不过是在此基础上更加完善。这就是高等教育管理的"古为今用，洋为中用"。这些共同点来源于高等教育管理活动的循序渐进，在发展过程中所形成的特点和规律，成为高等教育活动中遵循管理的一般原则，表现出它的共同性特点。另外，在高等教育管理的技术性方面，高等教育管理使用的技术和方法一般不受社会制度的影响，各国都可以相互学习先进的管理技术，如数学、经济学、计算机科学等，更加丰富了高等教育管理的内容，推动了高等教育管理的发展。

高等教育管理的社会属性包含两层含义：一是高等教育管理具有历史文化的继承性，即在人类创造历史的过程中，由于社会及自然环境不同所形成的各种地域文化，在高等教育管理活动中留下深深的烙印。这些"印记"在高等教育管理思想上，表现为不能超越一定的社会文化形态以及人们的社会心理状态，并且在具有"同源文化"的国家和地区，在高等教育管理思想和管理哲学上具有很大的相似性，而非同源文化中所产生的高等教育管理思想和管理哲学就存在明显的差异。欧洲中世纪的高等教育管理受到神学、宗教及哲学的影响，使其在管理思想和方法上都有其浓厚的中世纪痕迹，反映出中世纪的宗教和神学文化。二是高等教育管理具有政治性。因为高等教育管理是与权力关系联系在一起的，高等教育的体制和有些制度、政策是社会制度和政策的一部分。

自然属性与社会属性是高等教育管理活动本身所具有的两种属性，两者处于矛盾统一体之中。高等教育管理的两个目标，规定了高等教育管理两种属性是一对相对统一的矛盾，此两者之间的矛盾运动，使高等教育管理不断得到改善。同时，高等教育管理的两种属性又统一于高等教育管理计划、组织、领导和控制等管理环节上，根本上统一于高等教育管理的效益上。没有社会属性，没有维持系统整体特性的功能目标，就不会有产生最大"结合力"的需要，高等教育管理的自然属性就失去了存在的基础而无从实现它的自身价值。把高等教育系统内成员的个人目标整合成系统整体特性的功能目标，目的在于把分散的具有一定功能行为的个体结合起来，实现系统功能的"放大"，而离开了自然属性，高等教育管理的社会属性也不可能体现出来，它的社会价值目标也不可能实现。

(二) 封闭性与开放性

高等教育管理的封闭性是指在高等教育管理过程中，根据高等教育管理的特殊矛盾而在高等教育系统内部自我运转和良性循环的性能；高等教育管理的开放性是指在高等教育管理过程中，根据高等教育管理的特殊矛盾而在高等教育系统与外界环境相互关系中，实现物质、能量、信息交换的性能。就高等教育管理的封闭性而言，在高等教育系统内，无论进行什么高等教育管理工作，一个首要的前提就是在一个相对独立、完整的高等教育系统内部，按照高等教育系统的特定目标而进行优化组合，即在高等教育系统的"投入—加工—产出"过程中构成一个相对封闭的系统。没有相对的封闭性，高等教育系统就没有相对稳定的环境，任何对高等教育系统的分析及高等教育管理活动过程都不可能按照自己的独特方式运行。这种相对封闭性是一种客观的存在，是更好地进行高等教育管理的必然要求，当然，完全封闭的高等教育系统是不存在的，因为完全封闭就意味着与环境不进行任何物质、能量、信息的交换，这样的高等教育系统必然会逐渐消亡。因此，这就是我们所指的高等教育系统和高等教育管理的封闭性具有相对性的方面。现代社会中，任何一个系统都不可能是封闭的，封闭是相对的。就高等教育管理的开放性而言，高等教育系统受外界环境的制约和影响，只有开放才能获取更大的信息资源和物资资源，才能进入社会大系统中去循环，去接受洗礼，去成长壮大。纵观中国高等教育的改革与发展、中国高等教育管理的现代化进程的不断加快离不开开放，我国高等教育管理的很多思想与观念就是因为通过改革开放得到启发，很多技术与方法就是在国际高等教育的大背景下开发与形成的，现代高等教育管理的进程没有国际化的开放是不行的。没有开放性就没有中国高等教育的大发展，就没有中国高等教育管理的成熟和成长。

故步自封、关门主义使高等教育系统独立于社会大系统之外，是有历史教训的。因为，这个社会不可能停留在古代文法教育时代，教育脱离社会，脱离社会化生产活动，成为贵族教育的一种象征，难以推动社会生产力的发展。现代社会大生产催生了科学教育的迅猛发展，科学教育的内容、科学教育的方法，无不是来自社会，封闭已经是不可能了。那么，高等教育的管理在思想上首先要开放，要引入先进的管理思想和方法，但高等教育管理最本质的东西不要去改变，这就是开放性的基本原则，也是封闭性和开放性的矛盾统一的需求点。高等教育管理的封闭性与开放性的矛盾在于：如果片面强调高等教育管理的封闭性，为高等教育系统的"存在"花费更多的人力、物力和财力，那么就会影响系统的外延"发展"，失去了取得更大效益的机会；如果片面地强调高等教育管理的开放性，过分注意高等教育系统效益的最优化，而忽视甚至否定高等教育管理的相对封闭性，破坏高等教育系统自身，就会只强调系统"发展"而忽视系统"存在"，这将导致高等教育系统的紊乱和能量的消耗，最终将导致系统的"存在"基础动摇。无论是高等教育管理封闭性还是高等教育管理开放性，其目的都是使高等教育系统的生存和健康发展得到保证，具体地表现在统一于高等教育管理的各环节上，如通过高等教育计划，在解决高等教育系统与环境矛盾中，使封闭性与开放性统一起来；通过高等教育组织、领导，在解决高等教育系统内系统与系统、系统与个人矛盾中，使封闭性和开放性统一起来；通过高等教育控制，在解决高等教育系统既定目的与实施中偏离目的的矛盾中，使封闭性和开放性统一起来。这里要明确的是，高等教育要向世界开放，汲取世界上先进的管理经验，包括一些先进的管理制度。要向其他行业开放，走开放办学的道路，特别是在市场经济体制下，企业管理是最活跃的，产生的现代企业管理的先进理念和方法尤其值得高等教育管理借鉴。

高等教育管理的自然属性与社会属性的两重性是我们要充分认识清楚的。两重性规律以高等教育系统中一切有目的的活动为基础，自然属性和社会属性、封闭性和开放性是高等教育管理本身所固有的。

因此，高等教育管理的自然属性及其客观性规律，不仅在对高等教育管理的认识上，而且在高等教育管理的具体活动中都是必须要遵循的。高等教育管理活动中两重性规律揭示的是高等教育管理固有的自然属性和社会属性、封闭性和开放性及其相互联系，这种联系由高等教育管理的"整体功能"和"结合力功能"两个目标的矛盾运动所规定，事实上，两重性从整体上反映了高等教育管理的特殊矛盾。因此，管理属性要素之间的联系是本质的和必然的。

总之，我们研究高等教育管理的自然属性与社会属性、高等教育管理的封闭性与开放性，以及它们的规律在高等教育管理过程中是共同存在、相对稳定的，是高等教育管理本质的反映，是高等教育管理的基本规律。

第三节　高等教育管理系统

一、宏观高等教育管理系统

宏观高等教育管理系统是根据宏观管理的功能要素形成的。宏观高等教育管理的系统结构主要是对高等教育发展战略、高等教育组织办学方向、学科发展、教育质量等的规划和控制管理，它主要是高等教育的行政管理。高等教育行政管理是国家教育行政部门依据高等教育发展的规律和国家高等教育的目的，有计划地协调整个高等教育系统的各种关系和资源，确保国家培养高层次人才目标实现的过程。

高等教育行政管理解决的是政府教育行政部门和高校之间的关系问题，它是高等教育管理中具有全局性的组织制度，具体包括机构设置、权责划分、领导关系以及管理方式（如行政的、法律的、经济的）等。

同时，它也是决定高等学校管理的前提，规定了行政部门和高校的工作职责和管理范围。在我国，高等教育行政管理是国家教育行政的重要组成部分，是国家教育行政机关为实现高等教育目的，使高等教育有组织、有系统地开展，依法对各类高等教育事业和所属高等教育机构进行经济而有效的领导和管理活动。具体地讲，高等教育行政管理的结构含义及内容主要包括以下五个方面：

第一，高等教育行政管理是国家的一种专业性行政管理。不同于一级政府的"一般行政"或"普通行政"，作为国家一级管理的专业机构，其职权由宪法所规定，在它所属的行政范围和区域内统一领导各种教育职能机关的工作，其行政活动带有全面性和综合性。

第二，高等教育的两级行政管理。高等教育行政活动的主体是国家和地方政府教育行政机关，即中央教育行政机关和地方教育行政机关。中央教育行政机关和地方教育行政机关是领导与被领导的关系，地方教育行政机关接受上级教育行政机关和本级政府的双重领导，同时，地方教育行政机关又对本地方的教育组织行使宪法赋予的管理权，它本身具有一定的自主权。

第三，高等教育行政活动的客体是各类高等教育事业和所属高等教育机构。高等学校举办者因从事教育活动而成为高等教育行政的客体，有人把国民因接受高等教育或参与高等教育活动作为高等教育行政的客体，这是值得研究和思考的。如果我们把高等教育的接受者作为客体的话，从关系来讲，接受者是获得方、被动方。目前，高等教育的接受者已经对高等教育进行投资，国家义务教育阶段后的教育都是一种具有投资成本的教育，因此，主体与客体的关系正在发生一些微妙的变化。

第四，高等教育行政管理的目的是实现国家法律规定的教育目的，保障公民接受高等教育的基本权利，提高全民族素质，培养国家所需要的各类专门人才。因此，国家对高等教育具有管理的权利，但更多的是具有管理的责任和服务的义务。高等教育行政应当为实现高等教育目的创造必要的条件，保障高等教育事业的发展和教育改革的成功。

第五，高等教育行政管理的手段和方法，在于通过实施《中华人民共和国高等教育法》（以下简称《高等教育法》）和有关法律法规、教育政策来规范高等教育行为。通过这些手段和方法来调动各方面办学的积极性，使高等教育活动有组织、有系统地展开，经济、规范而有效地运行，保证国家高等教育目标和任务的实现。

从高等教育行政管理的国际比较的角度看，高等教育行政管理体制并非空中楼阁，它是在本国的国家体制、社会背景、经济基础以及历史传统的基础上发展起来的。因此，不存在哪一种模式比另一种模式更好的问题，而只是哪一种模式更适合国情的问题。

(一) 高等学校内部管理的规律与依据

1. 高等教育组织运作的一般规律

高等教育组织运作的一般规律包括两个方面：一是高等学校的办学与经济社会协调发展的规律，有人称之为高等教育发展的"外部关系规律"。具体来讲，教育的规模、结构、质量通过人才培养、科学研究的社会效益反映出来，高等教育组织要在高等教育行政管理之下有效地发挥自己的职能，表现在与系统的关联性和与外部的适应性方面。二是高等教育活动与学校客观功能的发挥相适应。学校的社会定位确定了这所学校的功能，这就是学校的客观功能。培养各级各类高级专门人才的教育功能是大学的核心功能，同时，对于研究型大学，还有科学技术创新、知识创新的功能。作为教育，有利于学生身心发展是教育的最基本的规律，作为科学研究，还要遵循学科发展与研究的一般规律，作为学校内部的管理，还要遵循大学组织管理中人、财、物等教育资源利用的规律。这些称之为高等教育组织的"内部关系规律"。

2. 高等教育的目的是高等学校管理的依据

高等教育最根本的目的是培养社会主义的建设者和接班人以及各级各类高层次专门人才，高等学校的一切教育活动都应是围绕这一目的展开的。因此，高等学校管理必须依据这一目的，实施符合教育规律、有中国特色、学校特点的管理方式。高等学校的教学管理、科学研究与学科专业建设的管理、学校党务管理、学校行政管理、学校后勤管理等必须围绕这一目的开展，否则，就会失去目标，偏离方向。

(二) 高等学校内部管理系统

学校内部管理系统的划分没有一定的规定，一般来讲，可以分为行政管理系统、党务管理系统和后勤管理系统。行政管理系统主要是日常的人、财、物等教育资源的管理调配，各项行政活动的计划、组织、协调、监督管理。党务管理系统是学校办学方向，体现党对基层组织领导的保障系统，通过思想政治、宣传、社团（工、青、妇）等工作，调动各方积极性，促进学校办学目标的实现。

后勤管理系统是支撑学校生活服务保障的系统，是学校的三大系统之一。在当前通过后勤社会化改革，大学组织内部的后勤功能已经慢慢弱化，但这一系统仍然具有很重要的作用。

1. 行政管理系统

学校的行政及直属部门管理系统可以分为四个层次。第一个层次为教学、科研管理系统。它是学校行政管理系统中的两个主要的子系统，之所以说它是主要的两个管理系统，是因为它是学校内部管理的最主要的功能性系统，学校的教育性功能和科学研究功能都反映在这两个子系统上。第二个层次就是为实现这个功能支撑的子系统。即人力资源管理系统、财务管理系统、资产管理系统、学生管理系统。第三个层次为行政协调和监督系统。即学校办公室、监察审计部门等。第四个层次是根据学校发展需要设置的行政直属部门以及某些临时部门。

（1）教学与科研管理系统

高等学校教学管理是指高等学校在一定的时间和空间中，为了实现一定的教学目标，合理有效地调配高等学校中的人、财、物，特别注重管理活动中的管理工作者、教师、学生等三方面的能动性的发挥，以保证教育教学及人才培养的质量，最终达到教育教学目标的行为过程。

目前，我国大学设置的教学组织是院、系，系下设教研室（组），系、教研室（组）是教学活动具体的执行组织，是最基层的行政组织。有的大学是以学科专业来设置教学组织的，通过学科带头人来行使组织管理及实施教学工作的职能。学校内部的教学组织系统一般是由学校的职能部门教务处和院、系下设的教研室（组）组成，一般学校为院（系）两级管理。

教务处在主管校长的领导下协调全校的教学活动，通过制度进行管理，是学校的教学管理职能部门，其主要工作职责有：

第一，专业和人才培养计划的管理。根据学校发展规划和发展定位，论证和申办新专业，调整旧专业。按照专业培养的目标要求，制订人才培养计划。

第二，组织教学计划的实施，进行教学的日常管理。修订年度教学计划，修订课程教学大纲，提出课程教学要求。下达年度教学计划，编制校历，协调教学资源，按照教学环节的目标要求进行过程管理。

第三，教学制度的管理。制定教学的各项规章制度，包括教学管理人员、教学人员的管理制度、各教学组织单位的管理制度，学生的学习管理制度、学业及学位、毕业证书的管理制度，与教学相关的其他制度，等等。

第四，教学质量管理。对各个教学环节进行过程控制，组织期中教学检查，组织年度教学工作考核，确保教学活动的正常进行。开展教学研究，建立和完善教学管理的有效工作机制，促进教学质量的提高。开展品牌专业、精品课程的评估评选活动，保证专业人才培养的质量。

教学院（系）落实学校下达的各项教学任务，具体实施本院（系）专业的教学活动。以教书育人为目的，调动本院（系）教师学生共同参与教学的积极性，把人才培养质量的具体指标落到实处，把教学的投入产出工作做到实处，履行好院（系）的责、权。

学校的专业建设是保证教育教学质量的重要手段。学校的专业建设主要是专业教育的建设，具体反映在人才规格要求、课程结构、教材及课程内容、条件平台、教学方法及手段、师资队伍等方面。它是根据社会对人才的要求，不断地调整人才培养的目标，不断地更新教育教学内容，不断地改进教育教学方法、优化课程设置，形成合理的课程结构与体系。同时，它与学科建设一样，最核心的也是师资队伍建设的问题。

教学管理是高校人才培养重要管理的组成部分，是在教学活动过程中实现的。实施教学质量管理和制定科学的教学管理制度，形成全方位的质量保障机制是高校教学活动成功的关键。

高等学校科研管理是与学科建设相关联的，是指高等学校在特定的时空范围内，依据科技发展和高校科研的特殊规律，为实现特定的科研创新目标，合理有效地调配人、财、物，以适应高等学校内外环境的变化，最终达到科研目标的行为过程，并由此形成科研管理系统。我国高等学校的科研管理工作，由校（院）长或主管科研工作的副校（院）长负责，主管全校科研工作的职能部门是科研处，各院（系）分管科研工作的领导，根据学校的科研目标任务，有步骤地实施科研计划。

科研处的工作职责主要包括：

第一，科研计划管理。编制科研中长远计划，制订近期工作计划。

第二，科研组织与制度管理。代表学校制定科研管理政策，组织申报各级科学研究项目，组织评审科研成果，组织科研成果奖励的申报，组织科学技术成果的推广，组织科研信息及学术的交流，开展科研的信息服务。

第三，其他管理包括学术委员会或科学委员会的组织服务工作，专利事务的日常工作，协调科研团队培育科研创新的工作，科研事务的其他工作等。院（系）主要是根据学校的科研目标总体要求规划，较好地完成学校对院（系）的科研投入与产出。

（2）教学科研的主要支撑系统

①人力资源管理系统。它是指学校运用系统学理论方法，对人力资源方方面

面进行分析，规划、实施、调整，对人才的使用实行引进、使用、培养、考核、晋升等，通过制度进行调配，提高人力资源管理水平，使人力资源有效服务于组织或团体目标。

②财务管理系统。它通过预算、决算和财务制度的管理，量入为出，增收节支，对各项财务的支出进行有效的控制和管理。大学内部的财务管理有的实行的是学校高度集中管理，有的大学实行的是两级管理，学校的经营部门实行的则是独立核算的管理方式。

③资产管理系统。现代大学的资产管理分为有形资产和无形资产，有形的资产是实物性资产，它包括地产、房产、教学科研仪器设备、生产生活设备等。无形的资产则包括学校的校名、学校在多年的办学过程中形成的文化品牌、科学技术的发现发明创造以及注册的商标等知识产权方面的资产。

（3）行政协调和监督系统

一般学校的学校办公室、监察审计部门等为学校的行政协调和监督部门，由此组成行政协调和监督系统。

（4）行政直属系统

根据学校工作要求的不同，学校设置的发展规划部门、政策法规部门、教育研究部门、图书馆、期刊社，以及其他直属部门等构成学校的行政直属系统。

（5）其他系统

有的学校设有专业的、临时的直属管理部门，如考核评估直属部门、学科建设办公室、"211"办公室、学位管理办公室等，也有的学校是将这些单位挂靠在某个职能部门。

2. 党务管理系统

党务管理系统是国家为了对大学进行政治领导，根据工作职能所设置的党务工作机构，并形成一套管理系统。通过党的组织部门、宣传部门、纪律检查部门，保证中国共产党对大学的绝对领导，保证大学的办学方向，保证大学把党的办学方针政策落到实处。通过工、妇、青等社团组织，调动广大教职员工的办学积极性，为完成学校的发展目标做好政治思想保障工作。除了学校一级的党务工作部门外，学校还在院（系）和有一定规模党员人数的单位设立党的基层组织、党的总支委员会、党的支部。

3. 后勤管理系统

高等学校后勤管理是指依据后勤社会化的一般规律和高等教育培养人才的特殊规律，通过调节高校内外部相关的后勤资源，最终为培养人才的教育目标服务的行为过程。由日常生活生产服务、基本建设与维修等部门构成后勤管理系统，也称后勤服务系统。

我国目前大多数高校后勤工作实行甲乙方模式，由后勤集团、基建维修部门、其他服务公司等组成后勤服务系统，实行公司化运作。学校分管校长通过后勤管理的后勤处作为学校的甲方代表，提出学校后勤工作的目标任务，后勤服务公司采取协议的形式、招标的方式得到服务项目，采取有偿服务。

随着经济和政治体制的改革，高等学校后勤社会化正在不断地深化，不断地配套和完善。高校后勤管理改革的根本目的是理顺高校的职能，使高校做自己应该做的事，改变过去高等学校办社会的局面，把社会该做的事情让给社会去做，减轻学校的负担，使学校轻装上阵，行使好自己的职能。后勤服务工作是为学校教学、科研各项工作提供服务，以提高高等学校办学效益为目的。为保证高校后勤管理社会化的具体实施，在经费上要实行定额承包，组建自负盈亏、独立核算的经济实体。

我国大学传统的后勤管理机构主要是各级行政领导通过行政命令的方式进行管理，组织活动经费、行政事业费统一下拨，是一种"供给制"。在市场经济条件下，必须发挥组织机构效能，其原则是实行政企分开。将后勤服务机构分成两种不同性质的类型：

第一是后勤行政管理部门。负责对大学后勤日常行政进行管理，制订、执行后勤实施计划，接受上级监督、检查，根据规章制度行使日常管理。第二是经营性质的服务或生产型经济实体。按照所有权、经营权适度分离的原则，这些实体以经营为主，自负盈亏，独立核算。享有独立的法人地位。后勤服务活动的多样化要求组织管理的标准化、规范化，制定一系列相应的后勤管理规章制度是后勤改革的要求。

4. 其他管理系统

根据学校功能和性质的不同，学校可以选择多样的管理模式，因此，我国大学目前的内部管理模式出现了多样化，出现了一些新的管理系统。

（1）学科建设系统

有的高校重视学科建设工作，成立校院（系）两级工作管理部门，形成专门的学科建设与管理系统。学科建设是一个比较复杂的系统工程，并且是一项长期的工作。人们一般把学科建设作为高校工作的龙头，一流的学科专业水平就有可能培养出一流的学科专业人才。学科水平的标志是科学研究的水平，科学研究的成果和水平直接反映学科的水平，科学研究依托学校的三大建设，一是学科专业队伍建设，二是科学研究平台建设，三是管理制度建设。学科建设的管理有的学校放在科研处，有的学校设有专门的学科建设管理机构。今后，大学的竞争是人才培养质量的竞争，是学术水平的竞争，学术水平又直接反映学科专业的水平，影响人才培养的质量。因此，随着人们对高校学科建设意义的真正了解，真正认识到学科建设的龙头地位，学科建设系统将越来越重要。

（2）目标管理系统

学校推进内部管理的改革，引进现代企业管理模式，实行大学目标管理，形成一种新型的管理系统。大学目标管理打破了常规的大学管理方式，打破了常规的大学管理系统，不是靠单一的行政职能部门管理某个方面的工作，而是对院（系）、对学校的工作进行综合管理。目标管理的核心是确定学校各时期、各年度的工作目标，工作的目标是全方位的，涉及学校工作的方方面面。因此，学校必须有一个部门牵头进行统筹协调，由多个部门参与，形成一个协调的、权威的管理系统。

（3）学生管理系统

根据目前我国的国情，学生的管理承担着很大的社会责任和家庭责任，因此，学生管理系统是学校最复杂的管理系统之一，事务性的管理内容比较多并且繁杂，关乎学校和社会的稳定。学生管理系统由学校党政共同负责，齐抓共管。有的学校成立专门的学生工作部，由一名学校领导直接担任部长，由学校的学生事务管理部门、学校的有关党政职能部门、各院（系）党总支、团支部等组成庞大的学生管理系统。

二、宏观与微观高等教育管理的关系

既然高等教育管理是一个系统，高等教育管理系统中的各个子系统是一个有机的整体，那么，根据系统的关联性，宏观高等教育管理（高等教育行政管理）和微观高等教育管理（高等学校管理）是相互联系在一起的，而这两个概念体系也是相互关联的。因此，他们的关系表现在两个最基本方面。

（一）宏观和微观的管理实际上是"条"和"块"的管理

我们认为，高等教育行政管理是一种专业性的行政管理，既然是专业性的行政管理，那么，就存在一个领导和被领导的关系，有上位管理和下位管理之分，即上下级之间的关系。教育部和各级地方教育行政部门将教育事业有机地分解为若干个工作方面，每一方面都与高等学校的某一方面有着直接的联系，形成一条纵向的链条，我们称之为"条"的管理。"条"的管理体系表现为中央、地方、高等学校三个层次。地方的高等教育的管理，相对于中央、各省市的高等教育的管理又是"块"的管理。高等学校相对于上级的管理部门，全国高校依法自主管理，各高等学校又是"块"的管理。

高等学校从总体上进行着与培养人才有关的各种活动，而这种"块"的管理中的各种活动（如教学、科研、学生管理、师资队伍建设等）都受上级教育行政部门的领导与协调。从这个意义上说，高等学校的管理又是一种"条块"结合的管理。这种关系着重表现在高等教育的管理体制上，特别是领导体制上。高等教育领导体制是指高等教育系统中组织机构设置以及权限划分的制度，主要包括政府对高等学校的领导关系、高等学校内部的领导关系。一般习惯上把前者称为宏观领导体制，即高等教育领导体制；把后者称为微观领导体制，即高等学校内部领导体制。当然，这样的区分是否严格，是否科学，还有待商榷。

如何处理好"条块"的关系是在国家的政治经济体制改革以后出现的课题，国家体制的变化直接导致高等教育体制的改变。处理好"条块"的关键是明确"条块"各自的功能和职责，各"条块"该做什么，不该做什么，在一个法治社会应该用法律予以明确。当然，要理顺这种关系是复杂的，有时候是两难的。要等到上位的改革达到一定的程度，下位的改革才有可能相对应地配套完成。

（二）宏观和微观管理体制之间的集权与分权

前面我们研究过集权与分权的问题，这里的"集权"是指决策权过度地集中在最高层领导机关，下级单位只能根据上级的指示和决定办事。"分权"是指上级的管理体现在法律和制度上，体现在对下级的监督控制方面，上级对下级机构权力范围内的事不予干涉，下级单位在自己管辖的范围内有较大的自主权。在高等教育中，集权与分权的问题实际上是处理高等教育事业整体和部分的关系问题。在社会主义市场经济条件下，高等学校需要更多的办学自主权，这就必须加快高等教育管理体制的改革。

高等学校内部的领导关系包括学校的领导制度、机构设置、管理权限及其相互关系的根本性组织制度。它是学校内部带有整体性、全局性的制度，直接支配着学校的全部管理工作，是高校搞活的关键。目前我国高等学校领导体制主要是党委领导下的校长负责制，在这种体制中，党委是学校的政治核心，校长受政府委托，在党委领导下管理学校，对学校行政工作全面负责。教职工代表大会实行民主监督和民主管理。这是一种相互促进、相互制约的体制。

如果从技术的角度分析，高等教育管理无论是宏观层次还是微观层次，都存在着计划、组织、领导、控制等技术手段，只是在不同层次上运用的程度和方法不同而已。因此，在技术的层面上，宏观高等教育管理和微观高等教育管理也是有机地结合在一起的。高等学校内部管理的方方面面既与宏观高等教育管理相协调一致，其自身内部也是具有整体一致性，即围绕培养人才的总体目标有机地结合在一起。需要强调的是，高等学校管理的有效性很大程度上取决于高等学校本身的自主权，即微观高等教育管理既与宏观高等教育管理存在着一致性，也存在着一定的矛盾性，其矛盾的焦点是高等学校办学自主权的问题。

不能简单地看待高等教育管理的分权问题。第一，要明确为什么要分权，不是什么权都可以分的，在没有搞清楚权力划分原则的情况下，简单地分权是盲目的。第二，分权不仅是分利，也不仅是简单地下放权力，而是在分权的同时，把上下位各自承担的责任理清楚。

三、高等教育管理系统构成分析

既然高等教育管理是一个系统，那么系统的构成以及呈现的状态具有各自的独立性。

(一)发展与需求构成的目标系统

高等学校总体的发展目标必须与国家和各级政府的教育发展目标相一致，国家和各级政府的要求要与高等教育的发展与社会政治经济的发展相适应，具体表现就是人才培养的质量与数量需求，科学知识的创新与科学技术的创造能推动社会文化的发展与社会的进步。高等学校虽因各自情况不同，发展的目标也不同，但是，归纳起来仍然是学科建设的发展目标，教育质量的目标，科学研究的发展目标，以及办学的质量、水平、效益的协调发展目标。因此，宏观与微观的需求，国家的高等教育目标与高等学校的发展目标，共同构成中国高等教育的目标系统。

（二）体制与功能构成的组织系统

从宏观管理体制来讲，中国高等教育分为中央和地方两级管理，地方主要是省级人民政府。中央人民政府通过教育部专业政府机构来管理国家的高等教育，地方人民政府通过教育厅来管理所属高等学校。两级管理的内部又分为多项具体的业务管理部门，由于高等教育的管理行政性较强，教育主管部门对口其他政府部门的机构较多，管理的组织机构也较为庞大。从微观管理体制来讲，除了按照大学的功能设置的一些管理机构外，出于历史的原因，大学相当于一个小社会，学生的学习、吃、住、行、医、保险等都要管，同时，学校还得负责学生在校期间的人身安全、心理障碍引发的事故、政治事件产生的影响等。

（三）人、财、物构成的资源系统

人、财、物是为了实现高等学校的功能所配置的资源，人力资源是社会性资源，财力、物力资源主要是国家投资性资源，部分是学生缴纳的学费和社会筹措，人、财、物是高等教育的基础性资源，缺一不可。资源的充足与否直接影响学校的生存与办学，资源系统优质率的高低直接影响高等教育的水平和质量。

（四）政策与机制构成的运行系统

高等教育的运行实际上是高等教育管理过程的具体表象。能否正常、高质量、高效率地运行，关键是需要依靠健全的法规政策和依法管理的力度，形成一种有效的管理机制和有效的运行模式。高等教育的管理实际上是通过政策、制度等对高等教育资源系统的有效配置与运用。

第二章 高等教育管理的功能、原则与价值

第一节 高等教育管理的功能

一、规划与组织功能

规划是指对事物未来的发展进行预期目标和工作计划的整体设计。从宏观高等教育管理来讲，规划功能是指高等教育管理中的战略发展规划的有效作用；从微观高等教育管理来讲，它是指高等学校的事业发展规划的功用。规划是管理活动中首要的任务，因此，要清楚它的功能，管理者首先要了解一些相关的高等教育规划的知识。

(一)高等教育规划方法

以社会和个人两个方面对高等教育的需求为基础的规划方法也相应地有两种：一是人力需求法；二是社会需求法。

1. 人力需求法

人力需求法是一种运用得较为广泛的规划方法。其基本假定是，经济发展有赖于教育提供促进经济增长所需的各种受过教育和训练的人力，经济各部门的劳动生产率投入与产出结构是可以预测的，每一种产出和劳动生产率的水平都与一种特定的职业结构相联系；每一种职业都有最佳的教育结构；技能和教育之间存在对应关系；劳动力市场的过剩或短缺通过发展教育来协调。因此，必须首先借助于规划来预测通过高等教育培养人才的数量与质量，通过确定社会需求的总量及各级各类人才的数量，指导高等教育机构来完成教育任务。人力需求法的基本原理是以社会经济发展对人力的需求为出发点来制定规划。具体来讲，通过了解

国家在某一时期劳动力的职业与教育结构和产出水平之间存在的联系，来确定高等教育机构的质量与数量。例如，一般来讲，生产价值100万美元的电动机需要50个工程师，如果想要提高生产值，将之增加到150万美元，按照人力需求法，就需要再补充25名工程师。根据人力需求法原理，如果知道了以下几个方面的数据：未来任何一年经济部门每一种职业所需的人力数，每一种职业的现在人数，每年由于死亡、退休或离职等原因造成的每一种职业的减员人数，每年离开一种职业又进入另一种职业的人力流动量，这样便可使规划期每一年人力总数和每一种职业的人力总数定量化。假定每一种职业所需的人力仅与一种特定的教育相联系，那么，所有教育层次和所有学科的所需产出就可计算出来。在供应方面，如果有规划期内每一年现行教育制度期望的产出数据，国家便可计算出目标年每一种职业所需补充人力数与实际可供应人力数之间的差额，据此可以调整和规划各个层次和学科的招生人数和毕业生人数。从经济与人力资源的需求平衡来预测和规划，应从如下几个方面考虑：

（1）预测经济总产出

因为人力需求预测的目标是把教育与经济发展联系起来，所以，首先要预测目标年的经济总产出或预测基年与目标年之间的经济增长率。

（2）预测部门产出

将经济总产出分解为各个部门的产出，计算出国内生产总值在各经济部门的分布。这里的部门是指国家的行业管理部门。

（3）预测部门的劳动生产率

估算劳动生产率及基年与目标年之间劳动生产率的变化，把产出目标换算为人力需求。

（4）预测各部门的职业结构

把每个部门的劳动力分解为职业组，统计出职业组的需求结构。

（5）预测总职业结构

将全部部门同类职业所需人力数相加，得到为实现经济产出目标所需的每一种职业的人力数和综合职业结构。

（6）教育层次和类型

估计每一种职业所需的教育层次和类型或每一部门内每一种职业所需的教育

层次和类型。

（7）估算附加人力需求

根据受过教育的各级各类人力的现有储备，考虑计划期内离职和流动人力数，得出按教育水平表示的规划期内所需附加的人力数。

（8）平衡人力供求

根据计划期每年的附加人力需求数和各级各类学生毕业情况，考虑毕业生的劳动参与率，规划每年各级各类学校的招生人数。

2. 社会需求法

社会需求法是基于人力需求法，然后对整个社会的政治、经济、文化的发展来考虑的。对于一个国家来讲，它不仅要考虑需求的个体、局部，更要考虑国家的整体，如地区、行业的需求，这是宏观层面上的需求。社会需求法是一种常用的高等教育规划的方法，其思想是以个人对高等教育的需求为出发点的，把高等教育个人的投资和消费集合成整体，并尽可能满足个人对高等教育的需求，以这种需求为基础制定高等教育整体规划。同时，社会需求法还要求国家站在更高的角度，预测整个社会未来可能的需求。社会需求法是以个人的教育需求为基础的规划方法，这里的社会需求是一个集合概念，它把个人的需求集合了起来。从另外一个角度来讲，社会需求法的基本原理是建立一个描述教育系统的模式，用学生从一级教育向另一级教育的流动来描述教育系统的活动，人口预测是其基础，升级比例是其最重要的参数，其结果是毕业生就业与社会的需求平衡。特别是当一个国家的社会需求产生社会发展与教育之间的矛盾时，社会需求就会产生作用，极大地影响高等教育规划，并以此来预测和规划未来的高等教育发展。

（二）宏观高等教育规划的制定

1. 高等教育规划的制定

国家及政府层面上的规划可以被称为战略性的规划和指导性的规划。这一层面上的规划有许多，这里主要分析有关事业发展类的规划。制定国家的高等教育事业发展规划主要有以下两个方面的工作要做：

（1）提出规划的指导思想

国家高等教育事业发展规划要以国家关于高等教育发展的总方针和有关精神为指导思想，以国家教育事业发展的总规划为依据，贯彻科学发展观，加强统筹安排，控制高等学校的数量，提高高等学校的质量，调整和优化高等学校布局结构。

（2）设计规划的内容

在国家高等教育内容设计上，国家应做到以下四点：一是总结和分析前一个时期高等教育发展的整体情况，包括：高等教育的需求与目标完成情况；高等教育资源结构布局情况；高等教育改革情况；高等教育经费情况，特别是高等学校的经费保证和财力支持情况；高等教育办学条件情况；高等教育资源的现状；等等。二是提出今后一段时期高等教育发展的目标。根据上一时期目标完成情况，在充分考虑现有高等教育资源的前提下，提出今后一段时间高等教育的总体规划目标，如高等教育的发展规模、发展速度、高等教育的各种结构协调、教育层次的发展等目标。三是提出预算内教育经费增长的政策保障和具体措施，以此作为高等教育发展的前提。四是提出完成目标的步骤和措施。

2. 地方高等教育规划的制定

地方高等教育事业发展规划相对于国家层面上的规划有些区别，但总的格式没有大的差异。一般来讲，地方政府的高等教育事业发展规划应根据国家的有关文件精神和要求进行制定。规划主要是以党中央、国务院关于高等教育发展的总方针和教育部的有关精神为指导思想，以地方经济社会发展的总体规划和教育事业发展的总体规划为依据，贯彻科学发展观，加强统筹安排，控制高等教育发展的数量和规模，提高高等教育的质量，调整和优化本地区高等教育布局和结构。规划内容的设计也包括四个方面：一是总结和分析本地区前期高等教育发展的整体情况，除了发展的规模、结构、质量、速度外，还有前期本地区财政性支出对高等教育支持的情况、本地区办学条件的总体情况、本地区高等教育资源的现状等。二是根据本地区前期经济社会发展需要和今后高等教育发展的规划目标，在充分考虑现有高等教育资源尚可利用的剩余容量前提下，提出本地区今后高等教育发展的规划。此规划应包括本地区内高等教育的总体规划目标和各级各类分项目标。三是提出今后保证本地区高等教育经费预算年均水平比上一时期有增长的政策保障和具体措施，以此作为本地区本期间高等教育发展的前提。四是提出完成规划的具体步骤与措施。同时，地方高等教育规划受国家的指导和控制，国家为了保证各地方各地区高等教育的协调发展，在确定地方高等教育规划的时候，要提出审查意见，履行审批手续。

（三）规划功能分析

既然规划功能是指规划的效用，那么，规划的实质内容主要表现在两个方面：一是规划中的目标的科学性；二是为达到目标所制定的工作方案的可行性。规划是一种预期设计，结果也是具有预期性的，实际上，真正的效用要通过结果来检验，而规划中的目标的科学性和工作方案的可行性只是一种过去经验性的思想要求。目标的科学性主要指要求目标确定是通过一定的科学程序完成的，是通过各个层面及专家系统的作用来实现的，是经过了科学的研究与论证确定的。工作方案的可行性是指完成目标的工作步骤和措施是客观的，工作方案的设计考虑到了各工作要素和客观环境条件，并且不会与这些因素有太大的冲突等。综观一些教育的或者高等教育的规划的历史，对比过去可以发现现在的规划越来越讲求实效，目标的确定越来越清晰，目标基本上要通过定量与定性的指标反映出来，可定量、可定性的时候一般要定量反映；而在这些量化指标的背后，在这些定性描述的背后是通过了许多人、许多程序才形成的。下面以高等学校发展规划来说明规划的功能：

1. 规划的顶层设计功能

不论是宏观高等教育管理还是微观高等教育管理，规划都是顶层设计。宏观高等教育管理中的规划对于高等教育的大政方针、发展方向和发展目标都进行了宏观的规划，给出了整个国家或地区的高等教育规划发展蓝图。

微观高等教育中的管理规划，即高等学校是学校组织发展的顶层设计。高等学校规划中确立的办学思想是学校发展的灵魂。学校遵循科学发展观，准确把握当代高等教育发展趋势，紧紧围绕区域经济和社会发展需求，对当前和今后一个时期学校的发展进行科学的定位。高等学校发展规划要反映以下六个方面的定位：

发展目标定位：用数十年的时间，把学校建设成为优势突出、特色鲜明的高水平综合性大学。

办学类型定位：经过不懈努力，使学校由教学型大学发展成为教学研究型大学。

办学层次定位：以本科教育为主，积极发展研究生教育，适度发展高等成人教育和职业技术教育，努力拓展国际合作教育。

学科门类定位：以服务行业的优势学科为特色，以工、农、文、理学科为重点，多学科门类协调发展。

培养目标定位：培养基础扎实、知识面宽、综合素质高的具有创新精神和创业能力的高级专门人才。

服务面向定位：立足地方，面向全国，服务地方，服务行业。

2. 规划的战略功能

规划具有国家高等教育发展战略功能、地区高等教育发展战略功能、学校发展战略功能。它是一个战略谋划过程，这是由规划的性质所决定的。

国家和地区的宏观高等教育发展规划，把高等教育的大政方针、目标措施等进行系统集成，成为中长期的发展战略蓝图，其主要内容如下。

（1）发展目标

明确高等教育的发展愿景和目标，包括提高教育质量、扩大教育覆盖面、促进教育公平等。

（2）政策框架

制定支持高等教育发展的政策和法规，包括资金投入、教师培训、学术研究支持等。

（3）资源配置

规划教育资源的分配，包括资金、设施、教师和管理人员等，确保资源的有效利用。

（4）教育质量保障

建立和完善教育质量评估和保障体系，包括课程设置、教学方法、学生评估等。

（5）可持续发展

考虑高等教育在社会、经济和环境可持续发展中的作用，包括环境保护、社会责任等。

二、控制与协调功能

高等教育管理的实施过程中很重要的一部分就是控制与协调。控制就是对组织运作及组织活动进行规范性干预，大都是制度性的、行政性的甚至是强制性的干预；而协调更多的是指用技术和软性的方法来解决管理活动中的问题和矛盾，包括通过管理艺术化解矛盾。这里主要研究的是控制的功能：

(一)高等教育目标控制

1. 高等教育目标控制的必要性

高等教育目标的实现程度是衡量高等教育管理效能的重要基准，也是高等教育控制的主要依据。高等教育目标又是相对于一定社会对高等教育的需求而言的，是预设地推动预期高等教育目的实现的导向和标准，因此具有预见性特征。随着时间的推移，高等教育活动主客观条件的变化，不论是宏观高等教育管理还是微观高等教育管理，对高等教育目标适时进行控制和校正有其必然性。

同时，高等教育目标又明显带有目标制定者对教育价值判断的印记，而现实的教育目标的实行通常并不完全按照教育理论家或政治家的设想去进行。在追求高等教育目标的实际操作过程中出现的与理想之间的偏差自然也需要控制。

各教学和行政管理部门在贯彻和实施高等教育战略目标及和办学目的有关的计划、程序时，往往需要制订详尽的子目标，各子目标之间是相互关联的，它们之间的协调是重要的，也是困难的。人们往往会因各自不同的目的或利益而发生矛盾甚至冲突，尤其是在功利性色彩较为浓重的组织活动中，对各子目标的追求和竞争在很大程度上代替了对总目标的无条件服从。对于追求子目标的过程中出现的种种偏离总目标的行为，需要有一定的制度和机制对其实行调控。

2. 高等教育目标控制的内容

从历史来看，高等教育发展要经历数量扩张与质量提高之间相矛盾的时期。人们对数量目标或质量目标的侧重往往带有功利性目的。例如，服从于一定的政治目的（如教育机会均等），要以数量发展为保证；而从维护高等教育自身的学术地位来看，质量目标似乎应被首先考虑。然而，数量发展并非没有限制。一方面，数量的过度扩张必然带来教育资源分配的紧张；另一方面，数量的增长也可能损及局部的质量。除了数量因素外，系统内部已有的制度、管理人员的素质、师生之间的互动、学生的成绩、毕业生的受欢迎程度等都是质量控制的重要内容。在此，主要从高等教育数量控制和质量控制两个方面简单探讨一下高等教育目标控制问题。

（1）高等教育数量目标控制

从世界经验来看，高等教育规模扩张的原因有两点：经济起飞阶段对专门人才需求的急速增长；政府对高等教育的政策倾斜和巨大投入。我国在招生问题上的主要矛盾是，政府每年对招生规模的限制与地方和学校面向社会自主办学的需要之间的矛盾。目前我国普通高等学校招生计划管理的现状是，每年由教育部根据国家经济和社会发展的总体规划，经过综合平衡，提出当年全国普通高等学校年度招生总数，各省市和中央各部门在国家宏观规划和方针政策的指导下，根据本地区、本部门的实际需求、生源情况及所属普通高等学校的实际办学条件，编制本地区、本部门的招生计划。但问题在于，地方高等学校是由省级政府部门管理的，中央部属高等学校由主管部委管理，地方高等学校和中央部属高等学校招生计划互不相通。这种条块分割状况，造成一些院校的专业因人才需求所限而无法保证一定的规模，以及专业重复设置现象严重，造成资源投入上的浪费。对于各所高等学校来说，在激烈的生源市场竞争中谁也不甘落后，只要政策一有松动或有可变通之处，就有可能出现招生超计划的现象。所有这些都给国家对招生数量的有效控制造成障碍。

在对高等教育数量目标进行控制的过程中，有关人员有必要分清政府主管部门与学校两者的不同职能、权利及义务。

政府宏观调控职能，应包括以下几个方面：向学校及时、准确发布人才需求信息（包括数量、层次、规格、专业、学科、地区需求等）；制定长远发展规划，对学校进行总体指导；依据学校的办学条件，合理核定招生总量；制定扶植学校发展的方针、政策和措施，使学校的发展不致过分地受到市场的影响，保持学校发展的相对稳定性；对学校进行定期评估，并把评估结果作为学校改善办学条件、决定能否享有或继续享有一定程度招生计划自主调节权的重要手段。

学校方面若要实行招生计划自主调节的职能，则应有以下保障条件：研究、制定学校发展的中长期发展方向、目标和总体规模，并经主管部门核定；对学校的教学质量、科研水平、产业发展、学校管理、办学条件等应承担相应的责任；在政府宏观指导下，学校逐步建立自我发展、自我约束和自我调节的机制。

（2）高等教育质量目标控制

①高等教育的质量目标。

将高等教育目标分解为数量目标和质量目标，是从高等教育增长方式角度来考虑的。高等教育目标还可以从高等教育功能的角度来考察。例如，随着社会的进步，高等教育活动正呈现多元性，保存和传递人类已有文明成果，培养和提高公民的素质；探求未知领域，发展科学技术和文化；满足社会对人才培养及科技开发、应用等方面的要求；大学直接参与社会经济建设，服务于社区和国家建设。这些活动同时也构成高等教育的目标体系。由于现代高等教育具有多方面的目标与功能，因而，衡量高等教育质量的标准也不是单一的。学术标准是其中十分重要的一条，但绝非唯一。除学术标准外，高等教育质量标准还涉及高等教育的"适切性"，即是否适应社会发展的需要，是否切合受教育者身心发展及其就业的需要。一般而言，高等教育系统内部往往倾向于强调教学、科研的学术标准，强调学科、专业的内在逻辑和科学性，而社会（包括用人单位、学生、学生家长等）更多地关注高等教育活动对现实的适切性、实用性。例如，学校课程设置、教学内容是否有利于学生日后就业；在缴学费的情况下，对入学的投入能否保证更大的回报；高等学校的科研是否能向企业提供新产品、新工艺，从而给企业带来可观的经济效益。在理想状态下，高等教育质量应兼顾学术、社会需求、受教育者意愿和能力等多方面因素。在对高等学校的质量评估标准中，专家们也力图全面反映这些因素。例如，《美国南部11州高等学校资格评估指标体系》的报告，就列举了评估学生教育成果应包含的内容：在校率和毕业率；学生普通教育成绩；学生主修专业成绩；完成教育目标后学生的理解能力；学生情感发展；学生、毕业生、雇主、退学学生对专业教育质量的意见；就业率；研究生、职业教育等就业率和业绩说明；从两年制学校向四年制学校转学后的学生情况；外界对大学生和研究生成就的认可情况。

在实际操作中，兼顾诸因素是很困难的。但是如果有关部门能根据不同的质量标准（尤其是学术标准），将高等学校进行适度分级，会更利于确定高等教育质量标准。同一课程在不同性质的学校的专业里，其学术性程度是不同的，衡量这门课程的质量标准自然也不同。例如，工科教育中的数学课和理科教育中的数学课是不一样的，前者强调数学作为一门工具性课程的实用价值，而后者十分注重数学课的逻辑性、探索性。推而广之，每所学校根据不同的功能定位，其学术水平的要求可以有差异，同一层次的学校可以在同类中进行竞争，并进入更高层次的学校行列。

②高等教育质量目标控制手段。

从时间上看，高等教育质量目标控制手段可分为三类。

前馈控制：前馈控制的主要内容是指对高等教育质量目标设置的过程进行控制，对高等教育质量运行的方案设计进行控制，尽量避免将要出现的问题。

过程控制：过程控制关注高等教育过程与高等教育目标的契合程度。在高等教育过程中，评价人员不断进行一些中期评价的活动，以对出现的问题做出诊断调整，以避免出现在运行过程偏离目标太远的时候才采取校正措施的情况，充分保证高等教育的质量。

反馈控制：反馈控制绝不是指活动全部结束后，对活动的结果进行信息反馈来加以控制，这是一个误解。反馈控制仍然是在管理活动的过程中，对某项活动的运行状况随时进行信息反馈和控制，当然，这一活动一定是指一个有结论的过程，对于没有按照规定的目标和要求而出现的情况进行调控。当然，终结反馈也是必要的，终结反馈的结果只能是对下一个循环进行调控。要注意反馈信息渠道的正常与多元化，避免错误反馈。相关评估部门应通过建立专业性鉴定委员会等方式加强反馈信息的权威性，不应将事后的质量评估视为工作的终结，而应积极地为新一轮工作、活动提供质量控制、工作改进的建议。

（二）高等教育行为控制

规范高等教育的行为是高等教育管理控制的重要任务。高等教育行为主要在两个方面是必须得到控制的：一是高等教育的方向性；二是高等教育各项活动的行为规范性。

1. 控制高等教育的政治方向

根据教育的国家性和民族性，一个国家的高等教育不可能完全没有政治性。

在阶级社会里，有些事关国家政治、军事、经济、文化安全的知识和技术是有国界的，这是不言而喻的。从国家的民族性和人才战略来讲，人力资本的一部分是属于国家的，因为高等教育不完全是自费教育，国家也有一定的投入，为国家服务是每一个受教育者的责任，从这个角度来讲是一个政治问题。所以，国家对高等教育的政治方向的控制也就成了必然。

2. 控制高等教育行为规范

任何管理活动都是人的活动行为，不论是宏观管理还是微观管理，行为控制也许是管理活动中最复杂的课题，原因有以下两点：一是人的行为很难被精确测量，因而很难判定它与目标究竟有多大程度的偏差。二是人们对人的行为规律的了解还很肤浅。多年来，随着心理学和行为科学的发展，不少学者对行为控制问题做了较深入的探讨。高等教育活动的人是由多个个体组成的人群，对于人群的行为进行规范就显得更为重要了。

（1）高等教育组织行为的管理

从微观高等教育管理来看，高等教育领域的教学与科研活动属于高智力型活动。高等学校的教师和学生致力于知识的探索与传播，他们在实现高等教育目标的活动中的各种行为有别于其他社会组织。不过，普通的组织行为管理技术对于高等教育系统中的行为控制仍然是很有价值的。它立足于人的行为和环境的相互作用，试图通过对环境条件的控制以实现对人的行为的控制，从而促使人的行为向预期的方向发展；满足某些条件后，就会得到预期结果，再根据具体的人处理各种预期的结果，及时提供程序性的行为规范。在高等教育管理中，要帮助高等教育系统的成员形成良好的职业行为，就需要为他们创造条件，也需要强化某些条件得到满足后才能得到的预期的结果。

（2）组织行为的修正

组织行为的修正主要针对那些与工作任务不一致或不协调的行为，因为它们不仅会影响组织目标的实现，而且会导致组织的功能障碍，威胁到组织的生存。修正组织行为包括以下五个环节：

第一，鉴别与工作有关的行为事件。和组织行为管理技术一样，组织行为修正技术特别重视外显的行为，而不重视态度之类不可直接观察的变量。它只鉴别与工作有关的事件，而不考虑与工作无关的事件。

第二，测量行为。该环节包括观察行为、记录行为，然后根据记录的结果描述各种行为，以引起人们对这种行为的注意。

第三，对行为进行功能分析。该环节包括将行为和各种环境变量分解成功能因素，找出行为和环境变量（事件）之间的关系，找出影响和控制行为的因素。

第四，寻找修正行为的途径和方法。该环节包括三个步骤：在分析行为功能的基础上分析行为与环境事件的联系，找出因果关系链，并确定采用何种方法去修正行为；应用和实施修正技术，通常的手段有强化、惩罚、消退或这些手段的相互结合；采取适当的强化方案，维持期望的行为。

第五，对整个工作进行评价，以确定修正的方法与技术是否妥当，为以后碰到类似的问题提供科学依据。

（三）高等教育的宏观调控

高等教育的控制不仅包括一些技术性的环节，而且高等教育的发展与制度性的宏观调控水平高低有关。这种宏观调控对高等教育发展的影响往往更为深远。这里所指的宏观调控手段包括高等教育的立法、政策、财政拨款等。

1. 高等教育立法

我国高等教育相关法律的效用实际并不明显，所颁布的有关法规其中一些以"暂行条例""试行草案""讨论稿""纲领""通知""指示""会议纪要"等形式出现。这些法规缺乏法律应有的稳定性和科学性。高等教育法规变化频繁是高等教育平稳发展的又一大障碍，这体现在对管理制度规定的经常性的措辞变化上。我国应改进高等教育立法，以提高高等教育水平。

2. 高等教育政策

市场经济条件下，高等教育也将受制于市场这只"无形的手"的控制。高等学校以自己的办学特色多样、专业各异展开对生源市场的竞争；政府与高等学校之间通过科研成果的买卖关系，使后者从前者那里获取研究经费，促进学术水平的提高；学校通过对教师和行政人员的评聘，促进学校内部办学机制的改善，形成不同的学校类型、学科及教育层次。那么，在法律形成滞后时，政府的高等教育政策必须适时做出调整，以保证上述高等教育运作的顺利进行。实践表明，如何保持行政干预和市场调节的平衡是一个重大而棘手的课题。对于习惯于计划经济思维模式的决策者来说，要真正具有适应并驾驭市场的能力，还有很长一段路要走。尤其是在当前形势下，国家对高等教育本质的认识在不断深化，很多人习以为常的观念将受到形势发展的强劲挑战。高等教育政策理应更有前瞻性，而不是滞后于形势的发展。高等教育的决策过程必须走向科学化、规范化。政策的实施过程必须有强有力的制度保障和监督，否则，高等教育政策的宏观调控作用不但不能得到发挥，反而有可能造成高等教育质量和效益的下降。

第二节　高等教育管理的原则

一、高效性原则

高等教育管理的高效性原则是高等教育管理本质的直接体现和具体化。它要求以一定的高等教育资源投入培养和提供更多的合格高级专门人才和高水平的研究成果，或者说培养和提供一定数量的合格人才和研究成果。

任何一种社会机构或组织的活动都需要进行效益管理，都需要提高其工作效率。高效性原则揭示了高等教育管理追求的目标，即良好的办学效益，它包括经济效益和社会效益。办学效益的评判标准应该是高等教育所培养的人才和提供的研究成果对社会进步、经济发展、文化进步起到最佳的促进作用，高等教育的实施过程中最大限度地利用了各种资源、最大限度地减少了浪费。高等教育在总体发展规划、具体专业设置、人员聘用、经费使用等方面必须具有充分的灵活性和活力，这是保证办学效益得到提高的前提条件。虽然如其他领域一样，高等教育系统也关心管理的效益，但联系高等教育的组织特征（如总体目标的模糊性、利益联系机制的松散性等），在分析高等教育办学效益时，有两点需要注意：一是在一定的周期内，高等教育所花费的成本和实际获得的经济收益很难精确衡量；二是高等教育的社会效益更无法用数字进行量化。通常能够计算出来的只是某些资源的利用情况，如人员、经费、设备、时间、图书资料等的使用效率可以得到一个概算。过去几十年，教育组织的效益很大程度上取决于其人力资源的质量和状况。人力资源计算作为一门技术正在形成，依靠这一技术，人们可以计算一个组织中人力资源的价值，并估计管理政策的影响。但教育管理活动的复杂性和多样性使现有的技术无法对一些无形的、间接的、综合的、迟效性的教育管理效益做出客观、精确的测定。这就使人们难以回答如何才能促进高等教育管理效益的提高，或者说有哪些因素影响着高等教育管理效益的提高。

有的学者提出了衡量教育管理效率的五个方面可供大家参考：

第一，用人效益，指成员潜能的发挥程度，具体考察现有人力、在用人力、实际有效使用人力，有效人数与实际人数的比率。

第二，经济效益，指投资的实际经济价值，投入与产出、有用耗费与无用耗费、有用效果与无用效果。

第三，时间效益，指时间运筹的有效利用率，法定工作时间与实际有效利用的工作时间的比率。

第四，办事效率也指工作效率，管理机构处理公务的实际成效，已办的事项数与应办的事项数的比率，正确处理的事项数与处理不当的事项数的比率，未办公务中由客观因素导致的事项数与由主观因素导致的事项数的比率。

第五，整体综合效益，指教育管理的社会效果，社会承认、满足的程度，等等。

二、整体性原则

高等教育管理整体性原则既决定于高等教育系统的整体性，又受制于培养高级专门人才的高等教育目的。管理是一个为了达到同一目标而协调集体付出时间和精力的过程。目标不但为管理指明了方向，而且是一种激励被管理者的力量源泉。特别是当组织的目标充分体现组织成员的共同利益，并使之与每一个成员的个人目标结合在一起时，就会极大地激发组织成员的热情、献身精神和创造力。在高等教育管理系统中，管理过程的各个环节及各个方面也是围绕一个统一的目标而运转的。这个统一的目标使得高等教育的各项工作融合为一个整体，高等教育就是要从这个整体出发，协调各环节和各方面的管理工作。系统的最大特点在于整体的功能大于各部分之和，这一系统特点为整体性原则提供了理论依据。系统的功能不仅体现在数量上，更重要的是体现在本质上。通常系统的整体功能相对于各组成部分的功能来说是一种质变。

同其他系统一样，在高等教育管理系统中，没有任何人或组织可以单独满足自身的需要，而不依赖与他人或组织的合作。没有基于管理目标的合作行为就没有管理的整体性，事实上，也就没有管理本身。高等教育管理系统中存在各种不同的工作目标，这是社会与组织分工的产物，它们有赖于高等教育总体目标指导下的相互配合。在具有不同功能的组织中，整体性原则的体现方式是各不相同的，一般而言，以功利性为主的经济组织内强调竞争，以强制性为主的军事组织内强调服从。

和谐、团结、协作需要贯彻高等教育管理的整体性原则，但在高等教育组织的实际运作中，存在着多种形式、不同强度的冲突。及时诊断并将冲突带来的破坏减少到最低程度也是维护高等教育管理整体性原则的一个重要方面。所谓冲突，是指人们为了某种目标或价值观而相互争斗的状态。高等学校领域内的冲突多表现为成员心理、角色、地位的冲突和学术观点的冲突。冲突的功能具有双重性。经常的、强有力的冲突对组织中成员的心理和行为有破坏性的影响，疏远、冷淡、漠不关心、极端的对立情绪和进攻性行为等，这些显然会导致组织的涣散和管理效能的低下；但一定程度的学术思想冲突、辩论，可以促进学术研究的深入和发展。因此，管理者在高等教育管理领域运用冲突原理，一方面要把冲突破坏的可能性降到最低；另一方面要使冲突产生有效的、积极的效果，以保证管理的连续性和整体性。

三、民主性原则

高等教育管理的民主性原则主要由高等教育管理的学术性所决定。要办好每所既封闭又开放的高等学校，不发扬民主，不充分调动师生员工的积极性和创造性是不可能的，所以，高等教育机构或组织在进行重大决策过程中必须发扬民主。高等教育领域人才荟萃，学术思想活跃。高等教育管理工作必须注意，高等学校开展的学术活动要充分体现学术自由的特点。高等学校的教学和科研活动从其本质而言是学术性活动，而离开民主与自由，学术性活动便无法开展。高等教育系统是一个充满利益和权力冲突的系统，决策的制定和实施往往是各种力量协商的结果。这里任何独裁式的"一言堂"都有可能损害高等教育的学术价值。民主的基础是对个人价值的承认，学校如同其他社会机构或组织，要求一切受到决策影响的因素（法律、纪律、规章、决定、计划、标准等）都要反映出民主的精神和原则。学校的民主主要体现在学校重大事件的决策中，每个人都有权发表自己的意见，领导和组织必须在听取师生员工意见的基础上，按照科学的程序做出决定。我国实行的是民主集中制，所以，在民主原则的运用中，国家、集体的利益始终是第一位的，管理者应在此基础上正确处理好国家、集体、个人三者的关系。民主与公正是紧密联系的，在高等教育管理中，公正意味着建立严格透明的规章制度，人们享受公平的同时享受民主。公正要求做到平等、光明正大，不允许营私舞弊，而且要受到民主的监督。民主性原则要求在高等教育管理中制定决策的民主化、执行决策的民主化、检查决策执行情况的民主化、评定决策执行结果的民主化。

（一）制定决策的民主化

高等教育管理中计划与决策工作要充分发扬民主精神，这种民主精神体现在让被管理者（决策的具体执行者）民主地参与决策的过程。这样可以集思广益，提高决策的科学性，使之更切合实际。

（二）执行决策的民主化

管理者要随时了解和掌握决策的执行情况，并在此基础上调整和改进决策的执行方案和方法，以保证决策的顺利实行。在这一过程中，不论是了解执行情况还是调整、改进执行的方案和方法，都离不开民主的过程。管理者要尊重下属，要虚心向他们求教，及时而合理地对方案与方法的执行情况进行调整和改进。

（三）检查决策执行情况的民主化

检查决策执行情况时，管理者不能凭主观臆断，而要根据决策的目标、决策执行的实际情况，结合管理者的实践经验，实事求是地进行判断。在这一过程中，让决策执行者民主地参与检查工作是非常重要的。

（四）评定决策执行结果的民主化

决策执行结果的评定不仅关系到对本决策的制定者和执行者工作的评价，而且关系到下一个决策的制定与执行。评定工作也要贯彻民主性原则，以有利于激发和强化决策者与执行者的工作热情，有利于发挥和发展他们的创造性，最终有利于高等教育管理效益的提高。

四、动态性原则

高等教育作为一种社会系统，与外部环境处于动态的相互作用之中。开放系统的一个特点是能够影响其内部子系统，以便对各种环境中的偶然事件做出反应。管理活动与被管理者、管理环境之间有着本质的、必然的联系。根据对高等教育组织特征的分析，高等教育管理过程中要完成的任务、组织的结构、用来完成任务的技术和参与的人员都处于动态之中。这样，一方面高等教育活动须按照管理的基本原理和原则来进行，保持管理的相对稳定和应有秩序；另一方面高等教育管理的对象、内容、方式、手段等都在变化之中，要求管理者运用高等教育管理原则时应具有灵活性。

管理学中的权变理论为把普通的组织管理原则与各组织独特的、具体的情况联系起来提供了一条途径，它有三个基本观点：一是学校的组织和管理不存在一种最好的通用方法；二是在一个特定的情景中，并不是所有的组织和管理的方法都是同样有效的；三是组织设计和管理方式的选择必须建立在对情景中的重大事件进行细致分析的基础上。

五、导向性原则

高等教育管理的导向性原则主要是指通过管理手段引导所有的组织成员向着既定的目标努力。方针政策、工作措施、工作环境等都具有这种引导作用。

从政治导向的角度讲，高等教育管理导向性原则主要是根据高等教育管理的两重性提出来的。高等教育管理的自然属性使我国高等教育能按照对外开放政策，向国外学习先进的科技和管理经验；高等教育管理的社会属性则决定各国间的高等教育管理，必然要考虑不同的社会形态。一个国家的政治制度必然影响这个国家的高等教育，并且也必然地反映在管理上。在阶级社会中，国家与国家之间的社会活动无不被打上阶级的烙印，高等教育活动从培养人的角度出发，它的目的是培养国家及民族传承和发展的建设者和接班人。从这个意义上来讲，高等教育活动是形而上的，是上层建筑意识形态领域里的范畴，这是不可忽视和否定的。至于高等教育传播的知识，高等教育管理的具体方法，一般管理知识、技术、原则与方法层面上的内容，不是形而上的，不要把任何内容都政治化，这是管理者要充分认识清楚的。但是，也不能不提请重视，作为高等教育的宏观管理也好，微观管理也好，对于一个国家、一个民族，育人的方向性应该被放在首位，这是阶级社会的政治性决定的。

从管理工作导向来讲，管理的手段、方法、环境等主要是措施和条件导向。组织成员在管理者的旗帜下，自觉或不自觉地努力工作，还存在利益导向、心理导向的问题。这是从不同的角度看导向，运用导向性原则的问题。

六、依法管理原则

《高等教育法》规定，高等学校应当面向社会，依法自主办学，实行民主管理。在管理体制上，国务院统一领导和管理全国高等教育事业。省、自治区、直辖市人民政府统筹协调本行政区域内的高等教育事业，管理主要为地方培养人才的高等学校和国务院授权管理的高等学校。国务院教育行政部门主管全国高等教育工作，管理由国务院确定的主要为全国培养人才的高等学校。国务院其他有关部门在国务院规定的职责范围内，负责有关的高等教育工作。

在高等教育管理的实践活动中，管理者可以感受到依法办事的重要性。这是因为，我国正在逐步向法治化国家的轨道迈进，高等教育活动中的矛盾只有通过法律法规的程序才能得到妥善处理，特别是国家与国家之间的矛盾，高等教育内部与社会其他部门之间的矛盾，高等教育组织法人与其他法人主体之间的矛盾，高等教育组织内部法人与法人之间的矛盾，高等教育内部成员之间的矛盾。因此，依法管理的原则也显得越来越重要。

高等教育基本制度规定了高等教育的办学形式是全日制和非全日制教育形式，同时，支持采用广播、电视、函授及其他远程教育方式实施高等教育；规定了高等教育的教育层次分为专科教育、本科教育和研究生教育，以及规定了各类教育层次的修业年限、基本规格、学位管理、证书管理等；规定了高等学校设立的标准：具备教育法规定的基本条件，学科专业等科类的设置标准，高等学校的章程；规定了高等学校的领导和管理体制，法人资格，高等学校依法享有民事权利，承担民事责任，具有自主办学的权利与义务；规定了高等学校的性质、义务、功能及服务；应当以培养人才为中心，开展教学、科学研究和社会服务，保证教育教学质量达到国家规定的标准；规定了大学生的权利与义务；明确了高等教育的投入和条件保障制度。

依法管理的原则，就是要依据这些法律，还有教育行政主管部门规定的法规，来规范高等教育活动。从微观高等教育管理来讲，领导者要依法治校，建立健全各种规章制度，依法行政，通过制度来规范管理者的行为。

七、公平公正原则

公平公正原则是市场经济体制下高等教育管理活动的基础，是调动各方积极性，有效地完成高等教育任务，达到高等教育目标的前提。任何高等教育活动都是由人来完成的，公平公正是对人的教育心理活动的基本保证，如果缺乏公平公正，设计再好的管理活动，也难以达到满意的效果，因为不公平公正的管理活动挫伤了人的积极性，阻碍了人的主观能动性的发挥，影响了工作效能。长期以来，许多管理者不太重视公平公正的原则，不注重管理活动中人的感受，把自己的意志强加于别人之上，通过权力来贯彻自己的意志，甚至打击了正义，鼓励错误行为，最终导致管理失败。

第三节　高等教育管理的价值

一、高等教育管理的价值概述

(一)高等教育管理的价值内涵

高等教育管理的价值在广义上指高等教育管理对于人的一切意义，这种意义包括高等教育管理的一切有用性。它是在人与高等教育管理活动的关系中体现出来的积极意义或有用性，高等教育管理只有当符合或能够满足人们的需要，在人与高等教育管理之间形成价值关系时，高等教育管理才有价值（有用性）可言。

"价值"这个词语，广义上既包括高等教育管理的目的性价值，又包括高等教育管理的工具性价值。前者如高等教育管理对自由、平等、公平、正义、人性、人的全面自由发展的意义；后者如高等教育管理在效率、民主、法治、秩序等方面的功能与作用。但我们不能将高等教育管理的功能与作用列入高等教育管理的价值。过分庞大的高等教育管理的价值内容并不利于我们对高等教育管理的价值进行具体而深入的研究。因此，对高等教育管理价值的内容范围还是做适度限制为好。

高等教育管理的价值以"高等教育管理与人的关系"为基础。人是高等教育管理价值的主体，高等教育管理的价值是人的制造物。人与高等教育管理的关系抽象地说就是哲学上的主客体关系，具体地说即高等教育管理的价值关系。高等教育管理的价值是在高等教育管理的价值关系中产生、存在并体现出来的。没有价值关系，高等教育管理的价值就没有产生和存在的社会基础。

高等教育管理的价值客体是高等教育管理。作为价值客体的高等教育管理可以称为高等教育管理现象。高等教育管理的价值客体首先是指高等教育管理的体系、制度以及规范；其次是指以社会状态存在的高等教育管理，包括高等教育管理的运行过程及现象；最后是指以观念形态存在的高等教育管理。高等教育管理的价值客体可以是高等教育管理的体系、制度、规范、事实等。高等教育管理的价值客体的内容是非常丰富的。

高等教育管理的价值是高等教育管理所有属性的表现。如果高等教育管理根本就不具有可以实现自由、民主、平等和促进人的全面发展等价值的属性基础，高等教育管理将不可能具有相应的价值。不能单纯地认为高等教育管理的价值是高等教育管理的一种内在属性。这是一种将高等教育管理的价值等同于高等教育管理的属性的观点。因为高等教育管理的价值取决于高等教育管理的属性，但并不等于高等教育管理的属性。高等教育管理的价值是以高等教育管理的属性为基础的。

(二) 高等教育管理的最高价值准则

高等教育管理的最高价值准则是高等教育管理的终极追求。多数学者都认为高等教育管理的最高价值准则是公正或者正义。其实，高等教育管理的最高价值准则应当是人的全面发展。人的全面发展是人和社会发展的终极目标，高等教育管理是社会产物，它必然且必须服务于人的全面发展。人类一直在为谋求其全面发展而不懈努力。

（三）高等教育管理价值的存在形式

高等教育管理价值的存在形式是非常多样的。对于多种形式的探究，是深化对高等教育管理价值的认识的重要视角，在此仅就主要的存在方式做一个简要的描述：

1. 明示和暗含的存在形式

高等教育管理的价值可能是明示的。所谓明示的存在，即以高等教育管理的法规、政策、制度、规定等明确记述的方式存在。高等教育管理的价值的许多内容都可能是以明示的形式存在的。高等教育管理的价值也可以以暗含的方式存在于高等教育管理的法规、政策、制度、规定之中。

2. 观念、理论和制度的存在形式

在有些哲学家看来，价值意识可以作为精神形态独立存在。如德国当代价值学家、现象学价值伦理学的创立者舍勒认为，价值就如同颜色，是可以独立于其载体之外而存在的。舍勒所称的价值已上升至精神形态，是一种独立的价值意识。马克思的价值概念，同样也具有独立的意识形态上的意义。

价值关系意义上的精神产品，是指由人们创作并记载流传的、能满足价值主体需要的思维成果。精神产品虽然离不开承载物（如石木、纸张、胶片、磁盘、网络），但其价值客体的利益形态不在于实体物，而在于物之上所承载的意识形态（如思想政治理论、道德价值观念）、技术知识、信息符号、文艺作品和其他精神产品等的有用性。

高等教育管理的价值可以以理论的形式存在，这种形式的高等教育管理的价值由特定的学问家所创设，并以理论形式予以记载。高等教育管理价值的理论形式是观念形式的升华，高等教育管理的价值还可以以制度的形式存在。

制度的价值是在人（主体）与制度（客体）的关系中体现出来的制度的积极意义或有用性。以制度形式存在的高等教育管理的价值，既可能以原则形式存

在，又可能以规范形式存在，但无论怎样，它们都有自己的价值依据和价值追求。

二、高等教育管理价值实现的解读

所谓高等教育管理的价值实现是指高等教育管理的价值目标的现实化的过程与结果的总称，是高等教育管理的价值活动的目的得以现实化的过程与结果。高等教育管理的价值实现也是高等教育管理的价值主体作用于高等教育管理的价值客体，而使客体的高等教育管理的潜在价值、内在价值转化为高等教育管理的现实价值和外在价值，对主体"人"产生期望意义的过程。它是高等教育管理的价值客体的主体化的过程，是高等教育管理在价值方面产生实际影响、效果、效益的过程。高等教育管理的价值实现是一种复杂的社会实践和一项复杂的社会工程。

高等教育管理的价值实现首先是指高等教育管理的价值目标的现实化。高等教育管理的价值目标是非常丰富的，它包括效率、秩序、民主、生命、自由、平等、人权、正义、发展等，它们都是高等教育管理的价值的方向、终点与归宿。高等教育管理的价值目标体现着人们关于高等教育管理的期望和理想。任何高等教育管理的价值目标都是人类在自己的社会实践中概括总结出来的，并经过一代又一代人，不断精炼、不断追求而固化的。高等教育管理的价值目标的现实化，也就是人类期望和理想的现实化。

三、高等教育管理价值实现的研究意义

(一)有利于升华人的管理实践

如果高等教育管理的价值实现被忽视，那么说明人们对高等教育管理的价值的研究是不够具体的、不够彻底的。人们对深层次的高等教育管理的价值有深刻的认识，那么就会促进人类的高等教育管理实践。反之，则会阻碍人类的高等教育管理实践。人类的高等教育管理实践体现了人类一系列的价值追求。

较低层次的如生存、安全、秩序、知识等，是最基本的，高一层次的如民主、效率、法治、自由、平等、人权、公正、发展等。如果忽视了高等教育管理

的价值研究，人们就难以认识高等教育管理深层的价值追求，就无法使高等教育管理文化达到理想的境界。教育行政者、高等教育管理者、教师、职工、学生以及社会相关利益者的关于高等教育的精神活动与理性思考就都被掩藏在高等教育与高等教育管理的表象的背后。对于高等教育管理的价值是否实现，人们没有相对清晰的认识。对高等教育管理价值实现展开研究，就可以在一定程度上提升人们对高等教育管理实践的理性认识。所以，高等教育管理价值实现的研究，有助于升华人们的高等教育管理实践。

(二)有利于提高高等教育管理和高等教育管理学的理性水平

在高等教育管理实践中，是否贯彻了高等教育管理制度所蕴含的价值，已经成为一个重要问题。高等教育管理是人类理性发展的活动，高等教育管理学是人类理性发展的结晶，是人类重要的精神成就。对高等教育管理学学科的认识，或许一直没有被提升到真正理性的高度。在很多场合，高等教育管理学似乎只是被作为一门经验总结性的学科，没有被看作一门严谨的理论性学科。加强具有极高理论水平、理性层次的高等教育管理的价值及其实现的研究，有利于修正人们对高等教育管理和高等教育管理学的误解，使高等教育管理学在人们的心目中回归其人类精神产品的理性境界，使高等教育管理学在人们心目中不再是最无学问的学问和最无理论的理论学科。

(三)有利于深化高等教育管理的价值研究

如果高等教育管理的价值研究仅仅达到认识一些高等教育管理的价值原理和价值准则的程度，高等教育管理的价值研究就不能达到应有的高度。将高等教育管理的价值实现作为高等教育管理的价值理论中相对独立的一个理论方面进行专门的研究，就能够在一定程度上将人类既有的关于高等教育管理的价值原理研究、价值准则研究再向前推进一步；使高深玄奥的高等教育管理的价值理论更加完善，更充满活力，更好地为社会所接受；使高等教育管理的价值准则更好地得以贯彻、实现；使已有的高等教育管理价值研究的理论成果，能较充分地体现出应有的社会意义，转化为促进高等教育管理和高等教育管理学发展的现实力量。高等教育管理的价值实现研究有助于使既有的高等教育管理的价值理论不再是理论家在书房里的文字游戏或者论坛上的高谈阔论，而是可以在高等教育管理实践中运用的理论真谛。

四、高等教育管理价值实现的目标协同

（一）实现政府政治与经济价值的利益诉求

我国高校主要由政府出资办学，政府不仅是主要出资人，还是高校办学的监督者和管理者，政府希望高校能履行其职责，以实现自己的利益诉求。

政府的利益诉求一方面指政治利益诉求。即通过高校培养高层次人才，促进政治社会化的实现，进一步推动国家民主政治的发展。另一方面指经济利益诉求，即通过与高校、社会的互动与合作，促进区域经济的发展，提升劳动者的综合素质，提高工作效率，进一步开发服务技术，培养社会所需的高端技能型人才。

（二）实现高校教职员工自身价值的利益诉求

就管理者而言，不仅包括校长，还包括院长、系主任以及其他教学管理人员。他们是课程教学管理的组织者和服务者，在课程教学管理过程中起到组织、领导和协调的作用，他们希望用较少的课程资源和较低的教学成本，提升高水准的教学质量和课程质量，实现人才培养质量的提升。对教师而言，他们是教育产品的生产者和创造者，会直接影响人才培养质量，因此教师是最核心的利益诉求者。他们希望有机会参与课程管理，希望给予其应有的社会地位和人格尊重，希望得到组织对其课程教学能力和成果的认可，以此实现个人的自身价值。

（三）实现学生人力资本增值的利益诉求

高校之所以存在，学生是主要原因，无论是课程教学质量的提升，还是人才培养目标的实现，毫无疑问都离不开学生的配合。他们希望有机会参与课程管理，获得所需的知识和技能，提高综合素质和就业能力，以此满足自身发展需求，从而使个人资本增值的利益诉求得以实现。

（四）实现企业等社会力量得到投资回报的利益诉求

企业是高校课程教学和科学研究的主要合作者和支持者，企业期望高校能为其提供高素质型人才，正如知识生产的溢出效应一样，对企业发展起到带动作用。同时，企业也是高校进行课程实践的支持者，通过为高校提供科研场所和实践基地，让高校能更高效地利用资源，提高办学效益，提升人才培养质量，为企业提供所需的技术和人才，以此实现投资回报利益最大化。

第三章 高等教育管理体系的构建

第一节 高校教学管理

一、高校教学关系

(一) 高校教学

教学在教育学中，是最基本的概念之一，它是一个看似简单，实际相当复杂的概念和术语。教学是教师传授和学生学习的共同活动，是学校实现教育目标的基本途径。通过这种师生双边活动，可以使学生在德、智、体、美、劳等多方面都得到发展。

高校教学是教学的下位概念。与普通中小学相比，高校的教学过程具有专业性、探索性和实践性等基本特点。

首先，高校教学过程具有鲜明的专业方向性。高校教学是实现人才专业化的一个过程。从国际视野看，无论哪一层次的高等教育，其课程计划都是围绕培养人才而设计的，教学过程和管理都围绕专门人才的需求来完成，以便他们离开高校后经过或长或短的职业适应期就能承担某种专业性的工作。

其次，高校教学过程具有较强的实践性。在这方面，无论学术型还是职业型的高等教育，其面临的任务都是相同的。一般来说，中小学教学过程的实践是为了便于教学而设计、简化了的实践，其目的是传授前人发现的知识或验证已知。而高校教学过程中的实践是接近于真实环境或者就是在实际工作场所完成的教学实践，具有很强的专业方向性，其目的除了验证已知和传授知识外，还承担着证明学生本人的设想、获取直接经验、培养学生专业实践能力的重任。

总而言之，高校教学是比普通中小学教学更为复杂的一种实践活动。它不仅表现在课堂教学上，而且体现在自学、科研和社会实践等多个环节中。

(二) 教学管理与高校教学

第一种观点认为，教学管理是学校管理者遵循管理规律和教学规律，科学地组织、协调和使用教学系统内部的人力、物力、财力、时间、信息等因素，确保教学工作有序、高效运转的决策和实施。

第二种观点认为，教学管理是学校管理者根据教育方针、教学计划、教学大纲的要求，根据教学工作的规律，运用现代科学管理的理论、方法和原则、通过计划、组织、检查、总结等管理环节，对教学的各个方面、要素、环节进行合理组合，推动教学工作正常地、高效率地运转。

(三) 高校教学管理制度

高校教学管理制度应为高校教学管理系统中规范和协调人与人之间关系的规则 (或规则体系)，主要关注教学管理者与被管理者之间关系的协调。既不把高校教学管理制度仅仅看作教学管理的系统或体制，也不把它仅仅看作教学管理活动的行为规范，而将它视为高校教学管理制度和各种操作性规章制度的总和。

更具体地讲，大学教学管理制度是实施大学教学与教学管理活动的基本程序与规则，是调节大学教学管理者与大学生、大学教学管理者与教师、大学教师与大学生、上级管理者与下级管理者之间关系的机制，是高等教育和高等教育管理思想、观念和理论向高校教学管理实践转化的中介，也是高校教学与教学管理改革成果的固化和外显形式。

二、高校教学管理制度的主体和客体

管理过程是在一定实践活动的基础上，管理者与被管理者之间相互作用的过程。高校教学管理系统中的管理者和被管理者是相互联系又相互制约的。

(一) 两种不同的管理主体观和管理客体观

一切管理活动中的管理主体 (管理者) 与管理客体 (被管理者) 是对立统一的关系，所谓管理主体 (管理者) 是指具有一定管理能力并从事管理活动的人。在管理活动中，作为管理主体的人（管理者）和作为管理客体的人（被管理者）是相互关联而存在的。二者互为前提，互相规定，离开一方，另一方不能孤立地存在。

学校管理活动应当实行主体管理，这是由现代社会管理、现代教育和学校组织特点等因素决定的。

（二）不同管理观支配下的高校教学管理制度

高校教学管理是按照一定的管理原则、程序和方法，对教学过程中的人力、财力、物力、时间、信息等资源进行调配，通过建立相对稳定的教学秩序，调动广大教师和学生的积极性，从而实现教学工作的目标，保证并提高教学质量和效率的活动。不同的管理主体观和客体观支配不同的高校教学管理制度。

首先，不同的管理主体观和客体观支配下的高校教学管理体制安排呈现不同的特点。如果按照客体管理观来安排教学管理体制，高校就会选择集权管理模式，就可能出现教学的规划、决策、资源分配等权力较多地集中于校部，而院系在教学管理上处于从属和被动的状况。如果按照主体管理观来安排教学管理体制，高校可能会选择分权管理模式，就可能出现校部与院系分工负责、上下协调一致，院系教学管理活力大大增强的状况。我国高校内部的教学管理体制是在《高等教育法》以及国家高等教育管理的相关法规、政策下，由高校党委等领导机构组织确定的，它与高校内部管理体制改革紧密联系。不同管理主体观和客体观支配下的教学管理体制，对高校教学管理工作的影响是不一样的。

其次，不同的管理主体观和客体观支配下的高校教学管理规章制度设计也呈现不同的特点。如果按照客体管理观来设计教学管理规章制度，教学管理者就会成为制度的制定者、执行者、监督者，教师和大学生就会被看成纯粹的制度"受体"。这种情况下，制度只求体现管理者的意志，而较少考虑（或者基本不考虑）被管理者的愿望，而且，教学管理目标与教学目标可能会出现冲突。如果按照主体管理观来设计教学管理规章制度，教学管理者就会成为制度形式上的制定者（起草人）、执行者和监督者，广大教师和学生充分参与制度的制定、修改、执行和监督。这种情况下，制度既体现管理者的意志，也体现被管理者的愿望，充分体现管理者与被管理者在人格和契约上的平等，而且，教学管理目标与教学目标容易达成一致。

教学管理是高校内部管理的重要组成部分。作为一种管理活动，它具有一般管理的基本属性，高校教学管理制度的设计应当遵循管理活动的基本规律和现代管理科学的基本原理。但是，高校教学管理系统具有自身的特殊性，它不仅区别于企业管理、政府管理以及其他事业性管理，而且有别于中小学的教学管理和高校内部的其他事务的管理。其特殊性主要源于高校组织的性质和特点，以及制度作用的主要对象——教师和学生的性质与特点。

现代高校的教学管理应当提倡主体管理，应当秉承主体管理的理念，进行教学管理制度的建设和改革。

三、高校教学管理体制下的集权与分权

集权与分权是管理活动中的一对重要矛盾。就高校教学管理而言，集权与分权的矛盾是处理学校（上级管理者）与院系（下级管理者）之间关系的一对基本矛盾。主要是如何合理划分校部（包括教务处等）与院系在教学管理上的职责与权限，从而既发挥学校层面在本科教学管理上的统筹、规划、协调、指导等职能，又充分保障院系在本科教学管理上的自主权，不断增强中、基层教学管理的活力，提高高校教学管理的效率。

(一) 集权与分权的一般理论

管理可以分为宏观管理、中观管理和微观管理三个层次。每一个管理层次都有自己特殊的任务和职能。这就涉及管理活动中的一个核心问题——权力的分配问题，即集权和分权的问题。

1. 集权

集权有广义与狭义之分。广义的集权是指把政治权力集中于中央的制度，狭义的集权是指管理活动中的集中统一指挥。集权在管理活动中的作用既有积极的一面，也有消极的一面。集权是进行集中领导、统一管理、统一指挥的主要手段。集权常常表现为效率高、标准一致，有利于统筹全局、贯彻指令。但是集权超越一定的限度就会出现一些不良的现象：权力过分集中，就会导致管理的僵化和凝固，顾及不到各方面的矛盾特殊性，影响下级人员自主性、积极性的有效发

挥；权力过分集中，下级管理人员无权处理自己职责范围内的矛盾，容易促使矛盾上交，增加问题的复杂性；权力过分集中，会缩小管理幅度，增加管理的层级，而管理层级的增加又会影响信息的直接传递，降低管理效率。

2. 分权

分权即分散权力，是指上层部门将某些问题的决策权移交给下级部门，分权与集权一样，在管理工作中也有利有弊。分权的有利方面体现在：分权可以减少上级管理人员的工作负担，从而使其有更多的时间和精力去思考重大决策问题；分权使下级管理组织拥有自己管辖范围的职权，能够激发其管理热情，发挥其创造性和聪明才智，调动其积极性，提高工作效率；分权可以弥补领导者自身的弱点和缺点，打破领导者个人知识和技术、精力和能力等方面的限制，可以利用他人的专长，以起到互补的作用。分权的弊端主要体现在以下几个方面：分权可能导致权力分散，不易形成统一意志，难以进行统一领导和统一指挥。这可能会导致决策效率下降，难以协调各方行动，影响整体目标的实现；分权可能会使得资源难以集中，影响统筹兼顾和全面发展。各个部门或机构可能会更关注自身利益，而忽视整体利益和长远发展；过度分权容易导致各自为政，形成地方主义和本位主义。在这种情况下，各部门或机构可能会忽视整体利益，只关注自身利益，导致整体协调困难，影响整体效能；分权可能会导致各部门或机构之间的协调变得困难，信息传递不畅，决策过程延长。还可能会导致对外部环境变化的反应变慢，影响组织的灵活性和效率。

3. 集权与分权的应用

一般来说，集权和分权的程度取决于组织的规模、决策指挥中心的控制能力以及管理者等多种因素。首先，集权与分权的范围取决于组织发展规模，当组织规模较小时，权力可以相对集中，采用集权管理；而当组织规模较大时，则要求权力适当分散，采取分权管理。其次，集权和分权的范围取决于有关权力与全局工作的相关程度，凡与全局工作密切相关的重要权力，应当集中在组织的最高领导层，以保证组织能协调一致地完成总目标；凡不影响组织活动全局的应该下放权力，就应该坚决分权，以减轻组织最高领导层的工作负担和压力，使其集中精力抓好大事。同时，这也有利于更好地发挥基层管理人员的作用和提高工作效率。

（二）学术管理要求体现分权的理念

集权与分权天生就是一对矛盾，它们各有其长处和不足，不能简单地说哪种方式好、哪种方式不好，应当依据组织的性质、规模、上级和下级等因素来确定。

首先，高校组织的性质和特点要求分权管理。从表面上看，高校是由各个职能部门以及院、系、研究所组成的统一结构体系，其层次清晰，功能明确，管理有序。组织管理中参与者的流动性强；组织决策过程模糊；组织决策无计划性；强调分权优势。在"松散的结合系统""有组织的无序状态"的基础上，伯顿·克拉克进一步分析了高校的性质和特征，他指出：高校本质上是一个围绕学科和行政单位组织的矩阵型组织，高校组织的特点包括这些主要方面知识是学术系统中人们赖以开展工作的基本材料；教学和研究是制作和操作这种材料的基本活动；这些任务分成许多相互紧密联系但独立自主的专业；这种任务的划分促使形成一种坡度平坦、联系松散的工作单位机构；这种机构促使控制权分散。[1] 上述有关高校组织的性质和特征说明，高校组织的管理运作与政府和企业等组织的运作原理有很大不同。作为一种学术管理组织，高校本科教学管理适宜采用分权模式。

其次，高校教学决策的成本特点要求实行分权管理。高校教学管理的学术性决定了其在决策成本上的两个相互联系的特点：第一，高校教学决策的信息成本相对较高。高校的社会职能主要是通过教学和科研活动来实现的，而教学和科研具有很强的学术专业性。高校教学管理决策的信息成本比较高，在学科门类较多、规模较大的高校尤其如此。第二，高校教学决策的目标成本相对较低。高校是一种强调学术性的非功利性的组织，这就决定了高校与企业严密的科层制和营利性存在本质的区别，实行教学决策分权后，高校一般不会由于学术管理的目标不一致而产生较大的决策成本。

---

① 单林波. 高校教育管理体系构建研究 [M]. 北京：首都师范大学出版社，2022.

四、高校教学管理的理念

(一)教学管理要体现自由理念

控制与自由的矛盾集中反映了高校教学管理制度中管理者与教师、管理者与学生之间的关系。

1. 控制与自由的一般理论

控制与自由也是管理中的一对基本矛盾。控制的理念来源于古典管理理论——科学管理法。按照"科学管理之父"泰勒的管理思想,管理的中心问题是提高劳动效率,而提高劳动效率的手段是用科学的管理代替传统的管理。在管理实践中,要通过建立各种明确的规定、条例、标准,使管理科学化、制度化。泰勒主张在劳资之间实行职能分工,由经营者承担"计划"(管理)职能,由工人担当"执行"(作业)职能。泰勒的科学管理思想是以重视经济动机的"经济人"假设为前提的。科学管理理论侧重研究物的或事实的方面,而不注重人的或价值的方面;强调管理法规的约束功能,不注意研究人的行为;着重解决如何提高效率的问题,不注意研究管理措施与整个社会的关系。因此,有人将它称为"人机关系技术论"。控制理念下的管理必然是一种刚性管理。

管理上的自由理念则来源于现代管理科学的相关理论。现代管理科学突破了传统管理理论所谓"经济人""社会人"等人性假设,重视人的自主性和自我实现的需要,把人更多地看作"自我实现的人""复杂人"。其中,人本管理、柔性管理、模糊管理等理论是这类现代管理理论的突出代表。

人本管理有两层基本含义。一是以"人"为中心的管理,确立人在管理中的主导地位,把人作为管理的主体。管理的根本任务是调动人的主动性、积极性、创造性,最大限度地挖掘人的潜能。二是要把"人"当"人"去看待,以谋求人的全面与自由发展为终极目标,努力为满足人的自我实现需要创造条件和机会。在人本管理中,个人的潜能得到激发,组织也因此达到最大的绩效标准,即组织的成长与个体的发展实现了协调统一。人本管理落实到管理活动中,就是坚持以人为本的原则,从一个完整、科学的意义上去理解人,即管理者不仅要关心人、激励人,而且要注意开发人的潜能,促进被管理者人性的丰富和完善,促进人的全面发展。换言之，使人成为现代管理的出发点和归宿。

柔性管理理论提出，现代管理除具有古典管理学家提出的计划、组织、指挥、控制、协调等基本职能外，还具有教育、激励、互补等职能。马克思曾经指出："发展一切生产力，即物质生产力和精神生产力。"这里的"精神生产力"来源于受激励状态下的人，来源于柔性管理的特定职能。

模糊管理也是支撑自由理念的一个重要理论依据。英国莱斯特大学教育管理教授托尼·布什在《当代西方教育管理模式》一书中，根据管理的性质和作用，把各种管理模式分为六大类。其中，模糊模式包括所有强调组织中的无法预测性和易变性的理论。根据这种理论，组织的目标都是不确定的，按目标的次序来开展工作是困难的；学校组织系统内各部分之间的联系都是松散的；决策往往是在参与者不确定的状态下做出的；模糊性是学校这样的组织的普遍特点。这种模式认为，以往关于决策的选择理论过低地估计了进行决策的混乱性和复杂性。以下是模糊模式的几个主要特征：第一，组织的结构不确定。在教育组织中，组织各部分权力和责任是互相重叠的，权力的范围是不清楚的。组织结构越是复杂，潜在的模糊性就越大。正规组织结构的模型掩盖了这种模糊性的存在；第二，模糊性的一个重要来源是组织所处环境的信号释放。现在教育机构的生存与发展越来越依赖于外部的环境。开放宽松的教育模式方便家长对学校施加更多的影响和压力；第三，组织的决策通常是一种无计划的决策。模糊模式认为，正规模式中按计划、有步骤地进行决策的过程，在实际工作中几乎不存在。问题、解决问题的方案以及参与解决问题这三方面因素，在相互影响、相互作用等无序状态下产生出最终的决策方案。

2. 教学管理要求体现自由的理念

教学管理中的自由理念，与现代管理理论的柔性管理、模糊管理等理论是一致的。

首先，学习自由是大学生自由发展的前提条件。按照古希腊哲学家的观点，个人只有在自己"自主"时才是真正"自由的"或充分"发展的"。高校教育过程的真正主人原本就是大学生自己，学校和教师只不过是学生成长与进步的服务者和"助跑器"而已。高校教学管理者必须树立"一切为了学生"的指导思想，通过调动学生内在的积极性和创造性，促进其生动活泼地发展，不能寄希望于刚性的管理制度来"强迫"学生发展。

学习自由是发展大学生个性和创造性的基石。自由、个性、创造三者之间是紧密联系的,它们组成一个自由创造的生态链条。

其次,教学自由是教师专业发展的基本保障。对大学教师教学工作的管理,固然需要相关的管理制度来规范,但更需要依靠广大教师的自觉和自律。要保障大学教师的专业自主权,赋予其在教学上的自由。

3. 高校教学管理制度中控制与自由的协调

良好的管理应当"既有纪律又有自由,既有统一意志又有个人心情舒畅"。这里包含两重含义:一是要有能够集中反映组织成员利益和意愿的恰当的组织目标和组织规范,使组织规范尽可能成为每一个成员的自觉行为;二是既要有严明的组织管理,以保证组织目标的实现,又要恰当把握约束的尺度,尊重组织成员个人的自由,从而更好地调动每位成员的积极性。

首先,大学教学管理目标需要基本的规范来实现。管理制度是组织存在和有序活动的保证。无规矩不成方圆,高校作为一种规范型的组织,为了保证教学最基本的秩序,提高教学管理的效率,实现教学管理的基本目标,建立相应的管理制度是实施教学管理不可缺少的要素。因此,大学教学管理活动必须建立在一定的管理规范约束基础上,不是盲目地、随意地管理,不是在管理过程中放任自流,任何人(包括教师和学生乃至管理者本身)都应当自觉遵守教学管理制度,自觉维护教学管理制度的权威性。然而,不管什么形式的管理制度,它生来就具有约束其成员行为的属性,即任何组织成员都会受到内部某种制度(含风俗习惯)的约束,而自由又是人们按照自己的意愿行动的权利。管理制度对组织成员行为的强制约束作用,也就是对组织成员的行为自由的限制作用。

其次,高校教学管理制度需要具有一定的弹性。高校教学管理系统需要一定的管理制度,但是,高校教学管理的性质和特点决定了高校教学管理制度必须富有弹性,必须具有一定的灵活性。现代高校教学管理制度的建设也要坚持这样一种价值取向,即注重"柔性"教学管理规范的设计和建设。即使是"刚性"的管理规章制度,也要处理好提高教学管理效率与对师生的理解、尊重、信任和关心之间的关系,以形成一种能够充分激发师生"教与学"积极性的组织规范体系。

总之，大学本科教学管理制度的建设，既要体现学校的意志和利益，又要保障师生的自由和利益，要在教学活动的控制与自主、约束与自由之间保持适当的张力，努力营造开放、自由、协调、宽松的高校教学管理制度环境。

（二）教学管理要体现服务理念

管理与服务是现代管理的又一对基本矛盾。大学本科教学管理制度中的管理与服务，集中反映了大学教学管理中管理者与教师、管理者与学生之间的矛盾。

1. 管理与服务的一般理论

"管理即服务"的命题来源于人本管理理论。人本管理理论是 20 世纪 80 年代以来，西方管理学科发展的主要潮流和趋势。理论界关于人本管理的内涵和外延尚有争议。有位学者在总结各家观点的基础上，给"人本管理"下了如下的定义：一种把"人"作为管理活动的核心和组织最重要的资源，把组织全体成员作为管理的主体，围绕着如何充分利用和开发组织的人力资源，服务于组织内外的利益相关者，从而同时实现组织目标和组织成员个人目标的管理理论和管理实践活动的总称。

2. 学校管理要求体现服务的理念

人本管理理论为分析现代学校管理提供了有力的依据，为建设柔性的高校教学管理制度提供了理论支持。现代学校管理要体现服务的理念，学校管理中的服务至少有两层含义：一是建立有效的教育教学支持服务系统，满足教书育人活动的需要；二是转变计划体制下高等教育"卖方市场"的思维模式，把学生当作大学教育的"消费者""顾客"来对待，实现学校管理机制的创新。

首先，大学教师管理的特点要求体现服务理念。大学教师在本质上超越了被理性主义视为可以通过制度和利益机制进行诱导和控制的"经济人"的范畴，也不只停留在行为学派所认为的追求友情、安全感、归属感、尊重等社会和心理需要的"社会人"的阶段，而推进到了以追求价值观、信仰和自我实现为中心的"文化人"的阶段。因此，高校教学管理应当重视教师的这些特点，树立"以教师为本"的思想，在教学管理制度中体现为教师服务的理念。

其次，大学生身份的转变要求体现服务理念。在计划经济体制下，高等教育完全是一个"卖方市场"。卖方市场是以卖方（学校）为主体、以卖方为主导力量的市场，买方（学习者）别无选择。在卖方市场条件下，高等教育的运行机制是"以教定学"，即大学提供什么样的教育，学生就接受什么样的教育。随着我国经济体制的转轨以及信息社会的到来，高等教育正在由"卖方市场"变成"买方市场"。买方市场是以买方为主体、以买方为主导力量的市场。在买方市场条件下，高等教育的运行机制是"以学择教"，即大学生需要什么样的教育，大学就设法提供什么样的教育。

3. 高校教学管理制度中管理与服务的协调

按照现代管理的要求，高校教学管理既要体现管理活动的自然属性组织、指挥、协调与控制，又要充分体现对教学活动的支持服务。对教学管理者而言，大学本科教学管理制度要体现管理活动的服务性要求。

第二节　高校学生管理

一、大学生教育管理的理念与方法

（一）大学生教育管理的理念

有什么样的教育理念就会有什么样的教育行为、教育实践。只有坚持正确的教育理念，大学生的教育管理才能做到科学、有序。就当前的高校教育实践来看，大学生教育管理应遵循以下教育管理理念：

1. 科学管理的理念

大学生教育管理工作是有意识、有目的的活动，既受社会尤其是学校的制约，又受学生的意识、需要、态度、动机等的影响。在大学生教育管理的过程中，管理者只有坚持科学管理的理念才能在管理实践中做到有章可循。这要求管理者一方面应注意不要做高高在上的发号施令者，而应是积极的引导者和平等的协商者。管理者要以学生为友，平等地与学生交流，尊重学生的个性，真诚地为学生提供学业指导、生活帮扶和心理辅导。管理者尤其是辅导员老师，要在管理过程中，创造性地展示自己的才华，在与学生交往、交流中实现自己的理想与人生价值，真正做到互为主体、教学相长。另一方面要加强学生工作机构的建设，强化其组织协调功能，理顺学生管理系统各部门、各层次、各岗位的职责权限关系，使管理工作与教学工作、课堂内的管理与课堂外的管理、学院与机关、机关各职能部门以及各管理者之间坚持统一标准，统一的声音，形成合力，互相促进。

2. 人性化管理的理念

在社会高速发展的今天，大学生教育管理也应当随之而发生改变。很多高校在长期的教育管理实践中都习惯于精确、科学的管理方式，这种方式虽然很有效，但常常会表现出过于强硬的一面，有时会让大学生产生刻板、强势的感觉。对于高校而言，最好的管理方式，其实是刚柔并济，既有讲求原则的一面，又存在注重人情的一面，这就要求高校在进行大学生教育管理时要坚持人性化管理的理念。具体来说，学校管理要在不断创新的过程中，注重个体的差异发展、注重群体的和谐发展，注重学校的可持续发展。一方面，高校要充分关注学生丰富多彩的个性，把教学的着眼点从"重教"转到"重学"，这是尊重学生的主体地位，发挥学生的主体作用，促进每一位学生的全面发展；另一方面，高校要高度关注教师的内在需求，使其在为学校创造价值的同时，能够充分实现自我价值，实现学校利益和个人利益的高度统一，达到自我追求和学校需求的最佳结合，从而充分激发教师自身的创造性。

3. 依法管理的理念

依法管理是依法治国方略在高校的具体体现。大学生管理中强调依法管理，是指大学生管理必须以法律为依据，符合法律要求。坚持这一理念具体要以法律为准绳，依法制定适用于学校实际的内部具体规章制度。目前，大学生管理的一般性法律法规已经比较健全，但是不同类型、不同层次、不同地区的高校有不同的学生管理具体实际情况，需要按照《普通高等学校学生管理规定》等有关规定，制定适合学校实际的内部具体规章制度。此外，高校的管理者还应增强法律意识，加强法律知识学习。

我国目前已基本形成了以《中华人民共和国教育法》为核心的教育法律法规

体系。作为大学生管理者，不仅自身要认真学习这些法律条文，深刻理解，做到关键问题心中有数，疑难问题随时查询，同时，还要注意引导学生积极学习各种常用的教育法律、法规和规章，了解自己的合法权利、义务，增强依法维权和依法履行义务意识，养成良好的学法、守法的习惯，为学生适应社会、推动国家法治建设夯实基础。

（二）大学生教育管理的方法

大学生教育管理的科学实施，不仅要遵循现代化的管理理念，而且要采用科学的教育管理方法。从实践来看，大学生教育管理的方法是复杂多样的，各种方法都有其特殊的作用和特点，这里主要介绍几种常见的教育管理方法：

1. 民主管理的方法

当前的大学生管理工作中，实施民主管理势在必行。对民主的追求是人的一种高层次追求。民主与人的素质有关，大学生作为文化素质比较高的人群，对民主会有更高更切实的要求。对大学生实施民主管理，不仅有助于大学生学习、生活和社会实践活动的有效进行，也有利于大学生实现自身的全面发展。实施民主管理，应着力做到以下几点：

（1）尊重学生的主体性

对大学生进行民主管理，就是要求在对大学生的管理中重视人的因素，也就是重视大学生的主体性，把大学生视为具有独立人格的个体。要实施民主管理，大学生管理工作者必须改变态度，充分尊重大学生的主体地位，将其视为实现教育目标的主体，实现学校特别是大学生管理工作者与学生之间的互动，倾听他们的心声，反映他们的要求。

（2）正确认识学生的价值

大学生管理的对象是大学生，大学生管理的目的在于促进大学生身心健康发展，使其个性得到张扬。在大学生管理中，应该充分发扬民主，把大学生既看作高校学生管理工作的对象，又看作管理的主体。着力培养大学生的主体意识，引导大学生自我管理、自我教育、自我服务、自主发展等，促使其主体能力最大限度地发挥，为日后走向社会、走向工作岗位打下坚实基础。

2. 目标管理的方法

目标管理是指学校管理者和组织成员共同确定组织的总体目标，然后转化为部门目标和个人目标，使其与整体目标融为一体，形成目标体系，并以此推进学校管理活动，实现组织预期目标的管理方法。

目标管理的程序主要包括以下几方面：

（1）设定目标

设定目标就是要做到每个院系、每个班级在不同的阶段都要设定不同的目标，如学习目标、实践能力目标、纪律目标、卫生目标以及道德修养和人生理想等目标，并以此作为努力的方向。同时，还要注意目标的设定一定要明确清晰、能够量化。要求要适度，既要具有挑战性，又是通过努力可以达成的。最后，还要为目标的实现确定一定的时程，即目标实现要有一定的时间限定，不能无休止。

（2）执行目标

有了目标，大学生便会明确努力的方向，而有了权力，就会产生强烈的与使用权力相应的责任心，从而充分发挥自己的判断能力和创造能力，使目标执行活动有效地进行。

（3）评价结果

成果评价既是实行奖惩的依据，也是上下左右沟通的机会，同时还是自我控制和自我激励的手段。成果评价包括学生管理机构和学生管理工作者对学生的评价，学生对学生管理部门机构和学生管理工作者的评价，同级关系部门相互之间的评价以及各层次自我的评价。

（4）实行奖惩

学生管理部门和学生管理工作者对不同成员的奖惩，是以上述各种评价的综合结果为依据的。奖惩可以是物质的，也可以是精神的。

（5）确定新目标

开始新的目标的管理循环。成果评价与成员行为奖赏，既是对某一阶段组织活动效果以及成员贡献的总结，同时也为下一阶段的工作提供了参考和借鉴。在此基础上，为各组织及其各层次、部门的活动制定新的目标并组织实施，便展开了目标管理的新一轮循环。

3. 系统管理的方法

系统管理就是将相互关联的过程作为系统加以识别、理解和管理，以便组织提高实现目标的有效性和效率。在大学生教育管理工作中实施系统管理，应着力抓好以下几个环节：

(1)建立一个多维立体的大学生管理体系，以最佳效果和最高效率实现管理目标。这一体系应包括：一种大学生管理组织结构、一种符合大学生学习和成长特点和进一步发展的管理模式、一套标准化的工作流程、一套科学完善的大学生管理工作制度、一套行之有效的管理运作方法。

(2)正确理解和把握体系内各过程的相互依赖关系。作为大学生管理工作者，应该力争在学生工作管理过程中做到统筹兼顾，实现体系内各个过程之间的相互协调、相互配合。

(3)各部门及人员需正确认识和理解为实现共同的目标各自所必须发挥的作用和担负的责任，这样才能减少职能交叉造成的障碍，顺利实现大学生管理的目标。

(4)大学生管理的决策者必须准确判断各个管理部门的组织能力，在行动前确定资源的局限性，避免因决策失误或虑事不周而造成人力、物力、财力的浪费。

(5)设定目标，并据此制订计划，设计方案，确定如何有效运作本体系中的一些特殊活动，使之能够高水平完成。

(6)通过研究制定完善测量、评估制度与办法，探索建立评估制度体系，加强对评估指标体系和规范简便评估办法的研究，及时进行检查和评估，从而不断提高大学生管理的质量与水平，努力推进大学生管理目标的实现。

二、大学生教育管理的特点与过程

(一)大学生教育管理的特点

大学教育与中小学教育有明显的不同。就我国的教育现状来看，中学教育受升学的压力，使得其教育教学注重应试教育，而大学教育没有了升学压力，则比较注重学生能力的培养，即以素质教育为主。因此，中小学教育管理以严格规范著称，大学教育管理相对宽松自由。中学教育包办一切，而大学教育则放开手脚，给学生以更多的自由和选择。这种区别，是由大学所肩负的任务和它的职能决定的，也是由教育对象的身心发展水平决定的。大学教育管理的特点主要体现在以下几个方面：

1. 管理对象较为特殊

大学生教育管理的对象是大学生，而大学生有着区别于一般管理对象的显著特点。

首先，大学生是具有高度自觉能动性的人，大学生具有强烈的自主意识、突出的独立意向和较高的智力发展水平，崇尚独立思考，要求自主自治。这就要求在大学生教育管理中必须着力激发和引导大学生的自觉能动性，使他们能够自觉地顺应大学生管理的目标和要求，主动接受管理，积极开展自我管理。

其次，大学生是以学习为主要任务，并在教师的指导下进行自主学习的人。大学生的主要职责是学习，大学生的学习是由教师指导的、按照一定的制度和规定有目的、有计划、有组织地进行的。同时，大学生可以按照学校的有关规定自主地选修课程，自主地支配大量的课外学习时间。因而，大学生的学习不仅需要掌握科学的学习方法，而且需要高度的学习自觉性和有效的自我管理。这就要求大学生管理紧紧围绕大学生的学习任务，切实加强对大学生学习行为的指导和管理。

再次，大学生是正处于成长和发展关键时期的人，他们的心理日趋成熟但还尚未完全成熟，智力迅速发展，情感日益丰富，自我意识显著增强，但又存在着诸如理智与情绪、自我期望与自身能力等心理矛盾。同时，也正由于大学生还处于趋向成熟的过程之中，因而在他们身上又蕴藏着各个方面发展的极大的可能性，有着发展的巨大潜力。这就要求在大学生管理中，要针对大学生的特点，切实加强并科学实施对大学生的指导和服务，以促进他们的健康成长，并使他们的身心获得最佳的发展。

最后，大学生教育管理有其特有的方法体系。大学生管理所具有的特定的管理对象和特殊的管理规律，决定了大学生管理有其特有的方法体系。由于大学生管理工作涉及面极其广泛，具有很强的综合性，因而需要掌握管理学、教育学、心理学、社会学等多方面的理论方法和技术。但大学生管理的方法体系又不是这些学科方法和技术的简单拼凑和机械相加，而是需要在系统掌握这些学科理论、方法和技术的基础上，针对大学生的特点，依据大学生管理的特殊规律和具体实际，把它们有机地结合起来加以综合运用，从而形成自己特有的方法体系。

2. 更大的开放性

这种开放性表现在大学的专业设置、课程设置和教育教学管理等方面。大学教育强调要适应经济和社会发展，根据社会需要设置专业；各个专业的课程设置方案也会随着社会的需要而不断调整。在大学里，各个专业虽都有自己的课程设置体系，但这只是规定了学生必须学习和掌握的基础专业知识及必备的素质知识。每个大学生可以根据专业的要求和自己的兴趣、爱好与发展目标、知识结构、能力体系，选修不同的课程，制订富有个性化特点的学习计划。学生制订的学习计划，可以选择主修某一个专业，还可以辅修其他专业，也可以按有关规定修读双学位。开放性还表现在学生的学习生活中，大学鼓励学生接触社会，通过多种途径融入社会当中，在社会中学习书本以外的知识。

3. 管理的任务十分复杂

既要紧紧围绕大学生的中心任务，加强对学生学习行为和实践活动的管理和引导，又要切实为大学生的健康成长着想，加强对学生日常行为包括交往行为、消费行为、网络行为的管理和引导，及时发现、校正和妥善处理学生的异常行为；既要加强对大学生现实群体，包括学生班级、学生党团组织、学生社团和学生生活园区的管理和引导，又要适应网络时代的新情况，加强对大学生以网络为平台形成的虚拟群体的管理和引导；既要对大学生在校园内的安全加强管理和引导，又要为大学生在校外的安全提供必要的指导和督促……总之，大学生管理渗透于大学生专业学习和日常生活的各个方面，贯穿于大学生培养工作的所有环节和全部过程，其任务是复杂而又艰巨的。

4. 价值导向十分鲜明

大学生教育管理是为社会培养人才提供服务的，大学生管理的目的、管理体制和管理形式总是受到社会的经济基础、政治制度和意识形态的制约。因此，大学生管理必然具有鲜明的价值导向。具体地说，大学生教育管理的价值导向主要体现在以下几个方面：

（1）大学生教育管理的价值导向突出体现在教育管理理念中

大学生教育管理理念是大学生教育管理的指导思想，直接制约着大学生管理的原则和方法。而大学生管理理念也总是体现了社会的价值体系，并往往是社会的先进的价值观念在大学生管理中的贯彻和体现。

（2）大学生教育管理的价值导向集中体现在管理目标中

大学生教育管理的目的以及作为其具体展开的整个目标体系，都是基于一定的价值观念确定和设计的，都贯穿和体现着一定的价值观念和价值追求，因而，大学生管理的价值导向不仅对管理者的管理行为和大学生的日常行为起着导向、激励和评价作用，而且会对大学生价值观的形成和发展起到重要的引导和促进作用。为谁培养人，培养什么样的人，始终是大学生教育管理的首要问题。显然，对这个问题的解决，必然鲜明地体现着一定的价值观念和价值追求。在我国现阶段，也就是要体现社会主义核心价值体系，体现实现中国特色社会主义的共同理想对人才培养的要求。因而，我国大学生管理的目标也必然要体现社会主义的价值导向。

（3）大学生教育管理的价值导向具体体现在管理制度中

科学而又严密的规章制度，是大学生教育管理的基本手段，是大学生教育管理规范化、制度化和法治化的基本保证和主要标志。而管理规章制度总是人们在一定的价值观念指导和影响下制定出来的，总是体现着一定的价值导向，具体表现为要求大学生做什么，不做什么；鼓励和提倡做什么，反对和禁止做什么；奖励什么样的行为和表现，惩罚什么样的行为和表现等。大学生教育管理制度中的这些规定无不体现着鲜明的价值导向。

5. 受到诸多内外环境的影响和制约

由于教育是受一定社会的经济、政治、文化、科学技术制约的，又反作用于一定社会的经济、政治、文化、科学技术，并为其服务。高校教育是教育系统中的重要组成部分。大学生教育管理又是高校教育系统中的子系统，因此，大学生教育管理也受到社会大系统中各种因素的影响和制约，尤其会受到社会生产力和生产关系、经济基础和上层建筑的发展变化的影响。例如，一所高校规模的大小，并不单纯由学校内部管理决定，它往往需要根据国家在一定时期对高校教育事业发展的目标和学校所处的地位来确定。总之，大学生教育管理与工厂生产管理相比，所受到的内外环境的影响要复杂得多。除了物质环境之外，人文环境也深深地影响着大学生教育管理。所以，在大学生教育管理活动中，培育良好的人文环境也是一项十分重要的任务。

从大学生教育管理受到诸多内外环境的影响和制约这一点来看，我们必须把高校与它所进行的高校教育放在整个社会大系统中，作为其中的一个子系统来认识它的种种现象并进行管理，而不能把它孤立于社会大系统之外。

（二）大学生教育管理的过程

大学生教育管理过程主要包括决策、计划、组织和控制四个环节。这四个环节是既相互区别，又相互联系的。

1. 决策

大学生教育管理决策是指大学生教育管理工作者为了达到一定的目标，在掌握充分信息和对有关情况进行深刻分析的基础上，运用科学的方法，从两个以上的可行性方案中选择一个合理方案的分析判断过程。大学生管理决策过程包括：研究现状，明确问题和目标，制订、比较和选择方案等阶段性的工作内容。

2. 计划

计划过程是决策的组织落实过程，决策一旦做出，计划就要紧紧跟上。计划是对决策目标的进一步展开和落实，离开了计划，决策便失去了意义。大学生教育管理计划就是在决策既定目标的前提下，进一步根据实际情况，科学地、及时地预计和制订为达到一定的目标的未来行动方案。

3. 组织

大学生教育管理组织就是高校学生管理机构和学生工作管理者为了有效地实施既定的计划，通过建立管理机构，确定职位、职责和职权，协调相互联系，从而将组织内部各个要素联结成一个有机整体，使人力、财力、物力、信息、时间、技术等资源得以最佳配置和利用。大学生教育管理组织主要从以下三个方面入手：

（1）大学生管理机构

大学生管理机构设置是否科学合理，组织工作是否有效，直接关系到大学生的成长和未来发展，关系着大学生管理目标的实现。要有效地实施大学生管理，一定要使大学生管理组织机构科学化、合理化，为此，就需要构建一套科学的大学生管理机制并使之有效发挥其职能。

目前，各高校的学生管理工作已形成大致一致的组织结构形式，具体表现为：学校党委和学校行政→校党委副书记和副校长→学生工作处和团委→院系党总支副书记→年级辅导员→学生会。

（2）大学生管理工作者的职务设计

为了提升大学生管理工作成效，各高校正在进行学生管理工作者的新的职务设计，力求实现学生管理工作者的"三化"——职业化、专业化和专家化。大学生管理工作是集理论性、知识性、实践性、时代性和时效性于一体的工作，它致力于大学生的成长和发展，应该成为一种专门的职业。学生管理工作者既应该是学生教育管理服务工作的多面手，又应该是学生就业指导、生活学习指导、成才指导、心理咨询、形势与政策教育等方面的专业人才，唯有如此才能满足学生管理工作的需要，提高管理成效。在实际工作中，不仅能应付日常事务，还要认真研究学生工作中出现的新问题，要像专家和学者那样，把学生管理工作当作一种事业去经营、去追求，掌握学生管理工作的规律和艺术，成为学生管理工作方面的专家学者。

（3）大学生管理队伍的人员配备

为了进一步提高高校学生管理的水平和成效，各高校应该根据教育部的要求和实际工作需要，科学合理地配备足够数量的学生管理工作队伍，在保证数量的基础上，专兼职相结合，不断优化结构。目前，各高校的学生管理工作基本上采取院系主要负责制，由院党委副书记、专职辅导员及兼职辅导员协同工作。此外，基于目前大学生就业形势的日益严峻，不少高校在大学生管理队伍中尝试配备职业指导人员，旨在为大学生成功就业提供指导和必要的帮助。

4. 控制

控制是大学生教育管理过程一个不可分割的部分，是管理的一项工作内容。大学生教育管理控制是对大学生教育管理的计划、组织等管理活动及其效果进行测量和校正，以确保组织目标以及为此而拟订的计划得以实现的有效手段。大学生教育管理控制是大学生管理机构和每一位大学生管理工作者的重要职责，正确和因地制宜地运用控制手段和方法是使控制工作更加有效的重要保证。

对大学生教育管理进行控制，不是盲目的、无序的，要到达有效控制，首先要做到适时控制。最有效的控制不在于偏差或问题出现以后的处理和补救，而在于事先通过适时控制消除可能导致偏差或问题的各种可能性，从源头上防止偏差或问题的形成。这也就是说，纠正偏差和解决问题的最理想方法应该是在偏差或问题未产生之前，就注意到偏差和问题产生的可能性，预先采取必要的防范措施，防止偏差或问题的产生。对此，各学校可根据自己的实际情况，建立一支由班级、院系有关师生组成的突发事件预警队伍，该队伍的每位成员都要接受专门的培训，并且明确职责和分工，定期对本班、本系、本院的学生进行了解、评估和帮助，将有关的信息汇总到学校的突发事件干预机构，再由突发事件干预机构根据实际情况统一部署，采取相应的措施。与事后的亡羊补牢之举相比，事先的适时控制才是最重要的，与其在偏差或问题发生之后进行补救，莫若事先适时控制。

此外，对大学生教育管理进行控制，还要做到适度控制。适度控制是指控制的范围、程度和频度要恰如其分，恰到好处。一般来说，要注意以下两个方面的问题：一是既要避免控制过多又要防止控制不足。就大学生教育工作而言，行之有效的控制应该是既能满足对活动监督和检查的需要，又要防止与大学生产生激烈冲突。二是全面控制与重点控制相结合。学校管理机构和学生管理工作者不可能，而且也没有必要不分轻重缓急、事无巨细对大学生的所有活动进行控制，可找出影响大学生活动效果的关键环节和关键因素，并据此在相关环节上建立预警系统或控制点，进行重点控制。

第三节 高校人力资源管理

一、高校人力资源与传统教师管理的区别

(一) 管理观念上的区别

1.传统教师管理视人为金钱动物或政治动物，人力资源管理是以"人"为核

心，对人性的认识内容更广泛，思维视野更广泛，更具有整体性和未来性。

2.传统教师管理视教师为成本或生产技术要素，而且是一种高成本的"自耗型"要素。人力资源管理将人力视为组织的第一资源，一种最有活力、最有创造力、价值最大的资源。

3.传统教师管理观念强调个人对组织的服从，组织的利益大于一切。人力资源管理认为人与组织权力均势，人不是组织的奴隶，主张组织为人服务，主张人与组织双赢。

4.传统教师管理观念无视人的个性，把人看作是符合统一标准的、没有差别的人，因而对人的要求也没有差别。人力资源管理将人视为"个性"的集合体，主张学校实行人性化、个性化管理。

(二) 管理实践上的区别

1.传统教师管理的特点是以"事"为中心，将人视为工具，强调"事"的单一方面的静态的控制和管理，属于"权力中心"，其管理的形式和目的是"控制人"。现代人力资源管理注重教师专业的持续性发展，注重教师职业生涯管理，强调一种动态的心理调节和开发，属于"服务中心"。

2.传统教师管理主要负责考勤、考核、档案及合同管理等事务，行使的是简单的业务职能。人力资源管理作为组织经营战略的重要组成部分，涵盖组织建设、文化建设与系统建设各个方面，通过学校文化整合战略、组织和系统，保证学校战略的执行和实现，推动学校长期稳定地成长。

3.传统教师管理注重外控式、封闭式的静态管理，把人管理得比较"死"，很难发挥个人的创造性。现代人力资源管理强调刚柔相济的激励式管理，注重感情投资与和谐的人际关系，能够提升教师人力资源的贡献率，做到人尽其才，才尽其用。

二、教师人力资源管理

(一) 教师管理的基本特点

教师的职业性质和教师的专业化要求造就了教师的工作具有自身的特点，它既不同于体力劳动者的工作特点，又有别于医生、工程师、律师等其他脑力劳动者的工作特点。这就要求教师管理的方式方法也应具有与之相适应的特点。教师管理应当体现三个基本特点：

1.对教师的日常管理要体现灵活性特点，开放教师的时间与空间，为教师提供最有利于提高工作效率的环境，充分发挥其潜能和创造性。

2.在教师体现其管理的过程中要体现其参与性特点，增强教师的认同感和责任感，以提高管理工作的效率。

3.在教师管理制度建设上，要体现重精神轻物质的特点，注重建立和谐的校园人际关系，为教师的进修、提高和专业发展提供机会。

（二）教师资格认定与考察任用

教师资格条件包括三个方面：思想品德方面、文化专业知识方面和健康方面。

具有了教师资格，是否被录用，还有一个考察的过程。许多学校对教师的考察主要是了解其工作经历及进行试讲两方面的考察。教师录用的方式多种多样，在市场经济条件下，双向选择的招聘形式已逐渐成为主流，学校的录用自主权明显增大。这是建立在学校与被聘教师双方地位平等基础上的民事法律关系，双方都有自己的权利，有利于建立公平择优、平等竞争的选拔任用机制，有利于激发教师的责任感和进取向上的精神。这是我国教师任用制度改革和今后发展的方向，目前正在完善之中。

（三）教师的聘任与考核

1. 教师聘任

教师聘任一般分两种形式，一种是工作聘任，录用人员和学校签订一份工作聘任合同，明确工作的性质、范围和要求，双方的权利义务，录用者的薪金及福利条件，违约后的责任等，以便为就职者的今后工作提供一种法律的保证。目前正在规范和完善之中；另一种是职务聘任，又称专业技术职务聘任，主要是为已经在职的教师提供一种专业技术背景。在我国教育系统，目前采用的是四级聘任制度：在中小学，分为高级教师、一级教师、二级教师、三级教师四种；在大学则分为教授、副教授、讲师、助教四种。

2. 教师考核

教师考核是指学校和其他教育机构根据国家制订的教师职务任职条件和职责，运用定性和定量结合的方法，对教师工作进行定期与不定期的考察与评价。教师考核是教师管理中一项经常性、基础性的工作，它标志着教师管理科学化、规范化的程度。其目的与作用在于：为教师的使用、培训、晋升、提级提薪、奖惩提供依据；引导教师按教育规律办事，以提高教育质量。

教师的考核应由学校人事部门负责。考核的内容包括政治思想、业务水平、工作态度和工作实绩四个方面。考核的方法有多种，可依据考核内容及学校实际灵活运用。

（四）教师培训

提升教师的专业素质是教师人力资源管理的一项重要任务。教师专业素质的提升是一个动态的、永恒的发展过程，它伴随着教师职业生涯的始终。目前较常见的教师培训方式主要有以下三种：

1. 校外培训

一般是将教师选送到有关大学、教育学院或教师进修学校进行再学习，从而提高教师专业素质的培养方式。可分为脱产和不脱产两种，也可分为学历教育和非学历教育两种形式。学历教育包括在职攻读专科、专升本、教育硕士、教育博士等；非学历教育包括岗位培训、参加县（区）组织的教研活动、参加研究生班课程学习等。其优点是充分利用了高等院校的人才优势，能够使教师开阔眼界，充实专业知识，满足了教师对知识的渴望和提高学历的要求。但是，往往是理论讲得太多，与学校教育教学实际有一定距离，成本也比较高。

2. 校本培训

校本培训是一种由学校自行策划、组型组织、自行实施、自行考核的教师培训模式，其核心是培训的自主化和个性化。校本培训完全服务于本校的实际需要，其内容和形式一般根据本校及本校教师的特点来编制设定。校本培训比较贴近学校工作实际，服务于教师工作的现实需求，能够缓解教师工作与培训学习的矛盾，而且培训成本较低，受益面比较广，有着其他培训所不能够取代的优势。但是，学校组织起来有一定的难度，培训的面也比较窄，不利于调动教师的积极性。

3. 自主培训

教师结合自己的工作实际所进行的自修提高或反思性研究学习。自主培训没有特定的形式，而是由教师根据学校设定的目标，自行确定任务和学习方式。其优点是不拘形式，教师可根据自己的特长、爱好和时间灵活掌握学习内容和进度，能够跟自己的工作需要紧密结合起来。但是，如果教师缺乏自觉性和较强的自学能力，则难以达到理想的培训效果。

第四章　高校创新教学的理论实践

第一节　高校创新教学的内涵

一、创新教学的含义

教学在原始社会即已产生。原始社会的教学是指成年人向年轻一代传授一定的生活经验、生产劳动经验和社会风俗习惯的教育活动，也包括成人彼此之间以及年轻一代之间的传授和学习的教育活动。教学作为教师教、学生学的一种双边教育活动，在漫长的教育史上有一个渐进的发展历程。综观整个教学发展史，我们不妨把教学概括为四种模式。

(一) 记忆性教学

记忆性教学即教师讲，学生听。在教学过程中，教师基本上是以传授知识为主。学生学习的主要任务是记忆大量的书本知识。如我国封建社会的教学主要是传授给学生"四书""五经"。西欧早期中世纪的教会学校，让学生生吞活剥地记住那些干巴巴的枯燥无味的教义，也是属于这种模式。这种记忆性教学模式，束缚学生的个性，禁锢学生的头脑，摧残学生的身体，压制学生的创新意识。

(二) 理解性教学

理解性教学即教师要求学生通过理解教材来较深入地掌握知识的教学。理解是学生对事物关系的发现和深入认识。理解性教学不仅能使学生掌握系统化、概括化的知识，而且能使学生掌握运用知识的初步技能，一定程度上能促进学生认识能力的发展，因而理解性教学比记忆性教学进步。虽然理解性的教学能让学生掌握现成的知识和技能，并通过练习达到较准确地再现它们，但永远不能适应时代的需要。因此，如何使学生在掌握知识的同时发展思维，增强聪明才智，以便能够解决未来就业后不断出现的新问题，这就需要另一种性质的教学，即思维性教学。

(三)思维性教学

思维性教学是在教师指导下，学生积极思考、主动解决问题的教学。这种教学以学生自主为前提，在"学"的过程中构建自己的知识体系和经验体系，建立起个性鲜明的认知结构，或以新的方式将已有的经验联系起来，以解决新问题。在学习开始时，问题提出后，学生不能回答，至少是找不到现成的答案，通过学习，师生共同协作，或同学间共同协作，产生一个新的适当的解决问题的决定或结论。

(四)创新教学

创新教学是在当代大教育目标规范下，教师遵循创新教学的原则，以创新教育的方式和方法，启发学生的创新动机，树立学生的创新志向，培养学生的创新精神，训练学生创新思维，传授创新技法，开展创新活动，提高学生创新能力的教学模式。

当前，世界正面临着一场新的技术革命，信息化是这场革命的重要组成部分。以资讯技术为先导的一系列新技术的诞生，已引起社会生活、经济结构和生产方式的深刻变化。微电子、生物工程、新材料、新能源等科学技术的飞跃发展，微机、数控自动机械、光纤通信系统、多媒体移动通信设备等新产品如雨后春笋般地涌现出来，知识密集型行业的增加和信息产业加速发展都向教育提出了挑战。为迎接这场新技术革命的挑战，世界范围内的教育开始"求新求变"，教学开始从传统教学向创新教学转变，教学更加强调创新的功能，注意培养学生的创新能力。唯有创新教学，才能培养学生的创新精神和创造能力，才能使学生以全新的思维方式去获取有价值的信息，从而在未来的个人和事业发展中敢想、敢说、敢干，为社会创造财富。

二、创新教学的目的

"为创新而教"已成为当代教育领域内响亮的激动人心的口号。创新教学的目的，简言之，就是为社会培养大量创新人才。这一教学目的的提出，主要有以下三个原因：

首先，它是由当前生产力发展的要求所决定的。生产力发展水平体现人类已有的发展程度，又为人的进一步发展提供可能并提出要求。在奴隶社会和封建社会，生产力只是通过生产关系这一中介制约教学，还未成为教学目的的直接依据。在资本主义社会里，随着大机器工业生产力的发展，科学技术的应用，学校需要培养大量的生产管理人员、生产技术人员和掌握一定文化科学知识与职业技能的工人。这样，生产的发展便日益成为制定教学目的的依据。当代，新技术革命的出现带来了社会生产力的飞速发展，给教育、教学带来了巨大冲击，人们认识到，记忆性教学、理解性教学、思维性教学等都不能适应当代生产力发展的需要，只有实现创新教学，才能为社会培养大量创造型、开拓型人才，才能适应当代生产力飞速发展的需要。

其次，它是由我国当前的政治、经济发展所决定的。在阶级社会里，教学目的取决于统治者的政治和经济利益。如我国封建社会里，那种死记硬背"四书""五经"的教学，就是为了给封建等级制度和维护这样的制度寻求思想上、理论上、观念上和行动上的支撑，为控制人的思想提供依据。当前，我们倡导改革、开放，并努力实现中华民族伟大复兴，这便决定了我国各类学校的教学目的是为经济的发展和社会的全面进步培养大量创新型、开拓型、改革型人才。

最后，创新教学是实现马克思所说的深入的全面发展的现实条件。马克思把人的发展同社会生产方式联系起来进行考察，揭示了人的全面发展的含义，论证了人的全面发展的必然性。马克思认为，全面发展的人是指"个人在体力和智力上各自充分的和自由的发展"的人。尽管机器大工业生产为人的全面发展提供了物质基础，但由于资本主义社会生产的社会性和生产资料的私人占有的矛盾，生产过程中智力同体力是分离的。因此，人的全面发展只是可能，不是现实。

今天，随着经济和社会的进步，中国特色的社会主义事业取得极大的发展，为人的全面发展提供了客观条件。如果我们通过创新教学为社会培养出大量的创新人才，人们在从事创新活动时，智力、体力必然要同时得到充分的自由的发展，那么马克思所预言的人的全面发展将在创新教学中获得前所未有的有利的现实条件。

三、创新教学的基本原则

教学原则是教学过程中应当遵循的基本要求。教师要想顺利地进行创新教学工作，除了要明确创新教学过程的特点，认识创新教学规律外，还必然要研究和掌握创新教学中应遵循的一系列教学原则。

创新教学原则作为创新教学工作的基本要求和创新教学规律的具体体现，对创新教学具有指导作用。在整个创新教学中，教学原则既是创新教学活动的出发点，又是创新教学过程的总调节器。遵循创新教学原则进行教学工作，就能提高创新教学的质量；反之，就会影响创新教学效果，降低培养创新人才的规格和质量。

（一）传授知识与开发智力相统一的原则

该原则要求在教学过程中，传授知识与开发智力并重，辩证统一。智力的发展依赖于知识的掌握，系统的知识是智力发展的必要条件，"无知必无能"，智力的发展又有助于创造力的提高。爱因斯坦在研究相对论的过程中，发现自己对黎曼几何的知识知之甚少，不得不重回到苏黎世工业大学补习黎曼几何。知识既是人类长期积累和整理的成果，又是人类智慧和智力的结晶，它本身就蕴含着丰富的人类认识的方法。学生只有在掌握知识过程中学会获取这些知识的认识方法，并把这些知识和认识方法自觉地、创造性地运用到以后的学习和工作中去，才能逐步发展自己的智力，形成自己的创造才能。

智力的发展又有助于知识的掌握。智力发展较好的学生，接受能力强，掌握知识牢固，能够举一反三，自觉地、积极主动地、创造性地学习，探索真理；反之，如果学生智力发展较差，就不能牢固地掌握知识，也不能举一反三及创造性地解决问题。创新教学中贯彻这一原则时要做到以下几点：

1. 认识到知识和智力同等重要，不可偏废

知识和智力互为条件，相辅相成，互相促进，两者既不可割裂对立、互相排斥，也不可彼此混淆。片面强调任何一方，必然适得其反，降低教学质量，不利于培养学生的创新能力。

2. 实行"启发式"教学，促进学生智力发展

知识不等于智力，如果教师进行"填鸭式"教学，学生只知机械记忆和搬运知识，即使他们头脑里被填满了一大堆知识，也不会发展智力，而往往会变成"书呆子"，这种"死读书，读死书"的后果是"高分低能"，与创新人才是不沾边的。

教师只有实行"启发式"教学，善于启发学生思维，引导学生自觉地、积极地进行学习，正确理解知识，掌握获取和运用知识的方法，才能有效地促进学生智力的发展。

3. 培养学生系统的规律性的科学的学习方法

要引导学生构建有自己个性的学习经验和认知结构，而不是刻意去"教"那些零碎的"知识"，有些零碎的、不严谨的、没有系统化的知识教得过多，反而增加学生负担，影响其智力发展。例如识字一个一个地教，阅读一篇一篇地从范文中学，都将使学生的记忆负担加重，而智力的主要要素——思维能力却得不到训练和发展。

美国著名的心理学家布鲁纳说过："不论我们选教什么学科，务必使学生理解学科的基本结构。"[1] 所谓基本结构，指的是普遍的强有力的适应性的结构。其具体表现就是每门学科的基本概念、基本公式、基本原则、基本法则等。布鲁纳认为，学科的基本知识乃是基本结构的"特例""具体化""变式""多样表现"。反过来，基本结构则是基本知识的概括、抽象、内在制约者、发源、本质……他认为学生掌握基本结构有利于知识的迁移、智力的发展。我国一些优秀教师的先进教学经验表明，让学生掌握学科知识的基本结构，确实有助于发展他们的智力。如我国小学教学改革中"集中识字"实验，教师利用形声字结构进行集中和分散的识字教学，极大地促进了学生的智力发展。当学生掌握了"声旁表音，形旁表意"的构字规律后，就能独立运用推理的方法来判断字的音、形、意，举一反三，认字速度提高很快。

---

① 布鲁纳. 教育过程 [M]. 邵瑞珍，译. 北京：文化教育出版社，1982.

（二）博采知识与培养创新能力相统一的原则

知识与创新能力的关系如同知识和智力的关系，系统的知识是创新能力发展的重要条件，创新能力高的人必然博采知识，并从事更高层次的发明创造活动，两者互为条件，相辅相成，互相促进，相互提高。创新教学中贯彻这一原则时要做到以下几点：

1. 要让学生博采知识

知识是创新能力发展的根本条件。知识贫乏，头脑中只有零碎的知识堆积，而没有系统的科学的规律性的知识，便不可能创造性地分析问题和解决问题，进行发明创造。尤其在当代，科学在加快发展，专业分工越来越细，各学科知识信息在成倍增加，知识老化的周期又在缩短，有人认为难以掌握大量的知识，于是局限在自己的专业圈子里，故步自封，这样做很难做出出色的发明和创造。只有博采大量的知识，量变引起质变，思维才能得到进一步的丰富，新联系、新设想、新观念才会在头脑中不断涌现，从而才会不断作出发明及创造。控制论创始人维纳说："在科学发展上可以得到最大收获的领域是各种已建立起来的部门之间的被忽视的无人区。……到科学地图上这些空白地区去做适当的查勘工作，只能由这样一群科学家来担任，他们每人都是自己领域中的专家，但是每人对他邻近的领域都有十分正确的和熟练的知识。"[①] 维纳和他的同事正是在数学、生理学、神经病理学等学科的边缘交叉地区奠定了控制论的理论基础。由此可见，在创新教学中，教师应鼓励学生博采大量的知识，厚积才能薄发。

2. 引导学生灵活应用知识

没有知识就很难有创新能力，但是有了知识也不一定会有创新能力。如果把知识当教条，死记硬背，生搬硬套，便会被知识所奴役，头脑就会僵化，即使高分也是低能，不会发明，不会创造，对人类社会不会作出什么贡献。

在教学中，教师要引导学生灵活地掌握和运用知识，读活书，加深理解，掌握规律，提高学生分析问题和解决问题的能力。当前，特别是要摆脱升学指挥棒

---

① 戴汝为. 开展"系统复杂性"研究任重而道远 [J]. 复杂系统与复杂性科学，2004（3）：1-3.

的束缚。减轻学生升学压力，把培养和开发学生的创新能力作为教学的中心，把书本知识转化为学生创新能力的源泉。

(三)教师的精心教授与学生的独立思考相统一的原则

教学是师生双边的教育活动。教师要细心教授；学生要独立思考。因此，教师必须精心备课，精心讲课，精心批改作业，精心辅导学生。然而，教师教学毕竟只是给学生指明一个前进的方向，路还得学生自己去走，路途中的困难和挫折还得学生自己去克服。而这一切，都得靠学生自己独立思考，任何人都包办代替不了。创新教学中贯彻这一原则时要做到如下几点：

1. 教师传授的内容必须适合学生的接受能力

教师教学时必须对学生独立思考有充分的认识。学生是学习的主体、学习的主人，教学的效果最终要落实到学生的学习上。

教师教授的内容不能过难，也不能过易。过难，学生听不懂，学习过程中便会不感兴趣，从而失去学习的信心；过易，学生会轻视学习，同样失去学习的兴趣。因此，教师教授的内容要难易适当，要善于进行创新教学，要有一定的"信息差"，使学生感到教师教授的内容像树上的樱桃一样"跳一跳才可以摘到"。唯其如此，才会使学生感到学习本身的趣味，才能使他们的学习由死记硬背变成富有意义的学习，才能启发学生的独立思考，培养他们的创新思维能力。

2. 教学要生动形象，切忌平铺直叙

教师要善于创设教学过程中的问题情境，恰到好处地提出一些富有启发性的问题让学生独立思考。如有位特级教师教"摩擦力"一课时，精心创设了这么一个启发学生思考的问题情境："在非常非常光滑的水平路面上，有一个静止的一吨重的大铁球，一只蚂蚁正在用力推大铁球，能不能推动大铁球呢？"像这样的问题，情境既新奇又有趣，能激发学生思考，使学生积极参与到教学过程中去，变被动地接受知识为师生之间的双边活动，能充分培养学生的独立思考能力和创造力。

(四)全面要求与因材施教相统一的原则

创新教学应面向全体学生，既要使他们尽可能达到统一标准并得到全面发

展，又要承认学生的个别差异，针对不同学生的特点，采取不同的教学措施，使每个学生的创新才能都得到充分的发展。

对学生要有一个全面要求。必须把青少年学生无一例外地培养成所需要的创新人才。学生虽然有千差万别的个性，但也有共性。这种全面要求不但必要，而且可能。若没有全面要求，便会使创新教育偏离正确的轨道，降低创新教育水平。但仅仅全面要求，不因材施教也不行，两者必须统一起来。由于遗传、环境和教育的错综复杂的影响，每个学生的个性特征和发展水平都存在差异，若用同一个模式培养学生，必将使具有特殊创新才能的学生被埋没，创新才能较差的学生又将遭到淘汰。所以，创新教学中要遵循全面要求与因材施教相统一的原则，长优补拙，各尽其才，不拘一格，使每个学生的创新才能都得到充分、自由的发展。

为了很好地贯彻全面要求与因材施教相统一的教学原则，有两点要求必须注意到：其一，教学要面向全体学生，兼顾两头，让所有学生都能得到发展；其二，正确对待学生间的个别差异，尤其要正确对待那些有特殊能力的学生。对优秀生可以举办科技开发、发明创造讲座，广泛介绍当代科学技术发展的新成就、新动向、新发明、新创造，以激发其学习与创新的兴趣，使其树立献身人类发明创造事业的志向。要组织他们参加课外及校外学科活动，从事小发明、小创造活动，激发创新意识，培养创造能力。学校图书馆、实验室要向他们开放，有条件的学校可以聘请科学家、发明家，对他们进行个别指导。对差生应适当降低教学要求，不论答问、作业、实验都设法使他们获得一定程度的成功，及时给予激励，加以表扬，使他们感受到紧张智力劳动后成功的愉快，从而激发他们强烈的学习动机及浓厚的认识兴趣。在他们掌握一定的基础知识和基本技能的基础上，教给他们发明、创造的技巧和方法，让他们从事一些力所能及的小发明、小创造。教师应针对他们的不同特点，加强指导和辅导，培养他们的创新意识和创新能力。

（五）教师主导作用与学生主体作用相统一的原则

教师主导作用是指在教学活动中，教师处于主导地位，学生只有在教师的教导和帮助下，才能以最短的时间最高的效率掌握人类创造的科学文化知识，迅速提高自己的发展水平，成为社会所需要的创新人才。因此，学生学习的主动性、积极性和创造性发挥得怎么样，学习效果怎么样，是衡量教师主导作用发挥得好坏的重要标志。

学生的主体作用是指在教学过程中，学生是学习的主体，是学习的主人，必须充分调动学生学习的积极性、主动性和创造性。在教学过程中，只有充分做到教师主导作用和学生主体作用相统一，才能获得最优化的教学效果。创新教学贯彻这一原则时要做到以下几点：

1. 教师要引导学生进行探究的学习

在教学过程中，学生掌握知识技能有接受和探究两种学习方式。学生通过教师的传授而理解并掌握知识，是接受的学习；教师引导学生探究问题，启发他们发现已知的真理，是探究的学习。探究学习能充分发挥学生学习的积极性、自觉性和创造性。

2. 培养学生浓厚的学习兴趣和强烈的求知欲望

兴趣是学习的动力，求知欲望是探求真理的一种富有感情色彩的心理倾向。浓厚的学习兴趣和强烈的求知欲望是提高学习积极性、自觉性和创造性的重要因素，也是学生有所发现、有所发明、有所创造的前提。

要想培养学习兴趣和求知欲望，必须激发求知的需要，使学生产生满足求知欲的动机。因此，教师要经常对学生进行学习目的教育，从而使他们产生正确的学习动机。同时，教学方法要多样化，要保护学生的好奇心，鼓励他们大胆地提出问题，进行创新思维活动，培养学生主动的探求精神，激励他们把自己的学习和社会发展的需要联系起来，使学习兴趣和求知欲望向更高程度发展。

3. 发扬教学民主，实现心理兼容

发扬教学民主，实现师生心理兼容，是教师的主导作用和学生主体作用相统一的有力保证。教师热爱学生，学生尊敬教师，师生心理兼容、关系密切是教学民主的体现。教师对学生要严格要求，尊重学生，耐心教诲，热情帮助，精心培育。在充分发挥教师主导作用的前提下，充分调动学生的主动性，要相信学生，多方面鼓励学生大胆提出问题，发表自己的看法。

（六）理论与实践相统一的原则

理论与实践相统一的原则反映了教学过程中学生认识过程的一般规律，是教学达到最优化效果必须遵循的教学原则。该原则要求，必须在理论和实践相统一的过程中传授和学习理论知识，使学生能真正理解理论，懂得理论在实际中的运用，并能形成必要的技能、技巧和实践能力。创新教学中贯彻这一原则时要做到以下几点：

1. 要重视理论知识的指导作用

理论和实践相统一的目的是使学生在理论知识的指导下，通过在实践中的运用，加深理解和巩固理论知识，形成创新的基本技能和技巧。因此，教学中要切实抓好理论知识的传授，打好基础。只有在理论知识指导下的创新实践中，学生才能较快地掌握有关的创新技能和技巧。

2. 要重视学用结合，加强教学中的实践性环节

教学中必须创造多种多样的实践形式，如实践、实习、生产劳动、发明创造等。这些实践形式，由半独立到独立，由简单到复杂，由校内到校外，尽可能使学生动手、动口、动脑，让他们真正体会到理论知识对实践的指导作用。要防止从理论到理论，从概念到概念的教条主义的教学。

3. 根据学科特点、教材内容和学生的实际，有计划、有目的地联系实践

教学中理论联系实际的目的有两个：一是理解和掌握基本理论知识；二是运用理论知识于创造实践活动。不同学科或同一学科的不同内容，联系创造实践的内容有所不同。如语文一般是联系创作实践，让学生创作诗歌、散文、短篇小说等。数学、物理、化学教学不妨让学生运用所学的理论搞一些小革新、小发明、小创造等活动。

4. 教学中理论联系实践，要通过学生的独立思考和独立工作去完成

教学中教师要创造条件，通过感性的认识活动，让学生自觉地、积极地去观察、思考，使他们能创造性地运用所学的理论去解决各种不同的实践问题，以培养创新能力。

第二节 高校创新教学的任务与方法

一、创新教学的任务

创新教学首先必须完成教学的一般任务。

(一)传授基础知识和基本技能

基础知识和基本技能就是通常所说的"双基"。所谓基础知识，是指构成各门科学的基本事实及其相应的基本概念、原理和公式等。它是组成一门学科知识的基本结构，揭示学科研究对象的规律性，反映科学文化发展的现代水平。所谓基本技能，则是指学生运用所掌握的各门学科中的知识去完成某种实际任务的最主要、最常用的能力。

(二)发展学生的智力和体力

智力是指个人在认识过程中表现出来的认识能力系统。它包括观察力、记忆力、想象力和思维力，其中思维力是智力的核心。智力和创造力虽不是正相关，但智力对创造力的作用不可忽视。发展体力不仅仅是体育的任务，也是各科教学的任务。教学要注意教学卫生，要防止学生课业负担过重，使学生有规律有节奏地学习与生活，保持旺盛的精力，发展健康的体魄。

(三)培养学生的创新意识、创新思维和创新技巧、方法

创新意识即学生不人云亦云，书云亦云，师云亦云，不满足于现状，不束缚于传统，遇事问个为什么，敢于质疑，勇于问难，善于发明，长于创造。创新意识是发明创造的关键，没有创新意识的人，不可能有所发明和创造。所以创新教学要培养学生的创新意识。

创新思维包括发散性思维、求异思维、求同思维、直觉、灵感和创造想象。创新思维能力是创造力的核心。发明、创造是创新思维的成果，没有创新思维便

没有发明创造。创新思维的实质是人类大脑两半球的功能，创新教学必须培养学生的创新思维能力，以充分开发人类大脑两半球的潜能。

二、创新教学的方法

创新教学的方法是完成创新教学任务的途径和手段。主要包括培养创新思维的方法、自学方法、启发式教学方法以及现代化教学手段等创新教学常用的方法。

(一)培养学生创新思维的方法

1. 激发学生强烈的好奇心和学习动机的方法

激发学生强烈的好奇心和学习动机，调动学生学习的积极性、自觉性和主动性是帮助学生形成与发展创新思维能力的重要条件。强烈的好奇心是发明创造的前提。

在创新教学过程中，学生的求知欲望和好奇心的出现取决于教师所创设的教学模式。教学模式有注入式和启发式之分。注入式模式是使学生所进行的学习完全依赖教师的讲解，被动地学，根本谈不上激发学生的好奇心和学习动机及培养学生的创新思维。启发式模式则是创设各种问题情境，激发学生的好奇心和学习动机，调动学生思维的积极性、自觉性和主动性，使学生的学习过程成为一个积极主动的探索和创造过程。通过学习，学生不仅能获得现有的知识和技能，还能进一步探索未知的新情境，发现未掌握的新知识，甚至创造前所未有的新事物。苏霍姆林斯基在《给教师的建议》中指出："在人的心灵深处，都有一种根深蒂固的需要，这就是希望感到自己是一个发现者、研究者、探索者。而在儿童的精神世界中，这种需要则特别强烈。"所以，教师在创新教学过程中，应该激发学生心灵深处的那种强烈的好奇心和学习动机。教师要在挖掘教学内容、组织教学形式、选择教学方法上多下功夫，创设激起学生好奇心的教学情境，让学生从中得到启发，产生好奇心和学习动机。

2. 培养学生求异思维能力的方法

求异思维作为创新思维的主要形式，是科学家和发明家在发明、发现、创造过程中常用的思路和途径。在创新教学过程中，培养学生求异思维能力，能使学生不被"成见""成规"所束缚，不人云亦云，使学生考虑问题思路开阔、新奇，善于从不同角度，不同方向去思考，去探索，从而发表自己独特、新颖的见解。

在创新教学过程中，教师要鼓励学生勇于质疑，敢于问难。许多发明家、科学家的发明创造活动都是从质疑问难开始，从解疑入手的。对于学生天真幼稚的发问，教师要耐心予以解释，不可挫伤他们的好奇心。一时说不清的，也要鼓励他们继续探索、研究。当然，也要防止学生钻牛角尖。要使学生明白，自己的结论应当持之有据，言之成理。要善于引导学生打破旧框框去想问题，让他们遇到问题多问几个"为什么？""还有别的问题吗？""真是这样吗？""有没有相反的情况？""书本上的结论正确吗？""有没有漏洞？"等。

求异思维本身又具有多种形式，如头脑风暴法、横向思维法、纵向思维法、逆向思维法、颠倒思维法、克弱思维法、信息交合法等等形式。教师在创新教学过程中，可以根据不同学科特点、不同教学内容灵活运用这些形式，因势利导地培养学生求异思维的能力。

3. 培养学生集中思维能力的方法

集中思维，又叫求同思维，它也是创新思维的一种重要形式。它是创造型人才所必须具备的思维品质。它的思维方向聚合于同一方面，即从同一方向进行思考。集中思维与求异思维在统一的创新思维过程中是相互作用、相辅相成、缺一不可的。

创新教学过程中培养学生集中思维的方法与传统教学中让学生追求一个正确的答案的做法不同。传统的教学方法是预先搭好一个现成的框架让学生去填，约束学生，一味地追求一律和固定的答案，这样做不利于培养学生的创新思维。创新教学培养学生集中思维的方法是先分散，后集中，无固定的框框，完全是让学生自己去选择和发现最佳答案，故有利于培养学生创新思维的能力。如小学一年级语文教学中的选词填空训练就是一种很可取的创新思维训练方法。具体做法是给学生一系列词，同时给学生一句话，让学生从这一系列词中选择最合适的词填入这句话中。

创新教学过程中，培养学生集中思维的方法很多。需要教师去发现，去创造。教师在培养学生集中思维时，有一点是共同的，即必须使学生学会以目标为基点集合各种观点、方案、方法，扬弃不必要的、和目标相背离的各种观点、方案、方法。

4. 培养学生直觉思维能力的方法

直觉思维是人脑对于突然出现在其面前的新事物、新现象、新问题及其关系能够迅速地识别、敏锐而深入地洞察、直接地本质理解和综合地整体判断，简言之，即直接领悟的思维或认知。在一定意义上说，创新思维就是逻辑思维和直觉思维的统一，故创新教学应重视培养学生的直觉思维能力。

教师在培养学生直觉思维时要创造一种宽松、和谐和民主的教学环境。直觉思维是一种跃进的捷径式的思维，学生直觉思维的成果并不都是按逻辑思维或分析思维一步一步推导出来的，有时令教师感到意外，甚至被认为是猜测出来的。当学生运用直觉思维得出意料之外的想法或解法时，作为教师，不要轻易亮出"黄牌"。即使学生是猜测的，也不要斥责、讽刺或挖苦，诚如美国教育心理学家布鲁纳所说的："对猜想处罚过严，会压制学生任何种类的思维，使之只能辛辛苦苦工作，而不敢进行偶然的飞跃。"教师应该在充分了解学生、尊重学生、相信学生和严格要求学生的基础上，创造一种宽松、和谐和民主的教学环境。在教学中，教师应该用研究、商讨的语气，亲切、期待的眼神进行教学。在控制好教学的深度和广度的同时，要鼓励学生大胆猜测，让不同层次的学生都有自我表现的机会。这样，学生心理上便有一种安全感，不怕说错，懂得自己的任何努力都会得到教师的保护，而这些都是培养直觉思维的前提和保证。

思维科学研究表明，人们在进行思维时，一种是分析思维，即遵循严密的逻辑规律，逐步推导，最后获得符合逻辑的正确答案或得出合理的结论；另一种就是直觉思维。逻辑思维或分析思维同直觉思维的发生和形成并不矛盾。在一定程度上，直觉思维就是逻辑思维的凝结或简缩。一般来说，学生对自己直觉思维的某些过程是说不清楚的，是模糊的，往往知其然，不知其所以然。因此，教师应该引导学生用逻辑思维去完善其直觉思维的过程，用"慢镜头"来分析检索直觉思维过程中的"跳跃"或"越位"之处。

培养学生直觉思维还可以让学生进行瞬间分析、瞬间综合。瞬间分析与瞬间综合与上述用"慢镜头"诱导学生说出直觉思维过程并不矛盾，两者相辅相成。

瞬间分析可以训练学生迅速确定思维的方向，瞬间综合可以压缩、简化思维的过程。为了让学生做好瞬间分析和瞬间综合，教师应精心设计每节课，尤其是出示的例题，更应缜密地考虑，挖掘其中可供直觉思维训练的因素。

5. 培养学生灵感思维能力的方法

灵感，又称"顿悟"或"豁然开朗"。要想有所发明，有所创造，必须有灵感。灵感思维不同于其他思维，可以持续一个相当长的时间，它出现于大脑高度启动状态，高潮为时短暂，稍纵即逝。因此，培养学生灵感首先要训练学生的思维的敏捷性。如数学教学可通过速问、速答、速算来训练学生思维的敏捷性。

要加强双基教学。灵感虽然突如其来，稍纵即逝，似乎很神秘，但并不意味着它就超越了以经验为基础的理性认识的界限。它是思维的一种特殊形式。它产生的前提往往是思维者经过了长期的实践从而在这一领域内储存了大量的模式或范型，即所谓的知识结构，并在大脑里建立起了对这一问题的兴奋中心，这个兴奋中心具有高度科学的敏感性，随后往往有一个就主观意识而言问题被搁置到一边的缓和期，在缓和期内，无意识的思维活动仍继续集中在问题上，当偶尔受到一句话或一件事的启发时，就能使新的信息很快地进入记忆并在模式和范型的基础上，简缩心理加工过程而产生新的飞跃，顿时恍然大悟，产生灵感。因此，要培养学生灵感思维能力就必须使学生储备大量的知识模式和范型。具体地说，就是要使学生掌握牢固基础知识和基本技能。简言之，即加强"双基"教学。

教师应保证学生的思维有自由翱翔的时间和空间。在创新教学过程中，教师应克服传统教学的弊端，让他们能有时间欣赏轻音乐、读小说、看电影，甚至可以让学生走出校园，徜徉田野、公园，听听鸟语虫鸣、潺潺流水，闻闻树木花草的芬芳，让学生从紧张的学习中得到暂时解脱，这样学生便容易激发灵感，产生顿悟。

6. 培养学生创造想象能力的方法

想象是不依据现成的描述而独立地创造出新形象的心理过程。英国诗人雪莱说："想象是创造力，也就是一种综合的能力。"创新教学中教师要有意识地培养学生的想象能力。

首先，要重视对学生智力发展起重要作用的音乐、美术、体育的教学。其次，组织学生到大自然中去活动，让学生处于自由、松弛的状态，这有利于激发学生的创造想象。最后，让学生开展小发明、小制作、小试验、小创造等活动，并在这些活动中尽可能展开想象的翅膀，动脑、动手、多思、多做，以培养学生想象的能力。

（二）培养学生的自学能力——学会学习的方法

"学会学习"是教育面向未来的对策之一。未来的社会，要求人们必须具备一种独特的个性，善于创造，敢于迎接各种各样的社会生活中的挑战，并勇于改革现存的社会生活模式，在不同的工作岗位上有所发明创造。为此，创新教学必须从当代大教育观出发，培养他们的自学能力，使他们学会学习。

培养自学能力——学会学习，即在教学过程中，教师不只是教给学生一些知识和技能，更要培养学生独立学习的本领。叶圣陶先生说："学生须能读书，须能作文，故特设语文课以训练之。最终目的为：自能读书，不待老师教；自能作文，不待老师改。"联合国教科文组织埃德加·富尔在《学会生存》一书中提出："未来的文盲不再是不识字的人，而是没有学会怎样学习的人。"因此，创新教学如果忽视培养学生的自学能力，没有教会学生学习，那将是一个很大的失误。

首先，要培养学生的自学意识。要使学生明确学习的重要意义，使学生认为学习是为发明创造作准备的。在学习过程中，要让学生看到成功和进步，要及时给学生的学习结果以正确的评价，以便学生扬长避短。

其次，要培养学生一定的自学技能。在自学活动中，有一些必要的技能，例如，如何查字典、查资料、做资料卡片、记学习笔记、写学习提纲、对参考书进行分类整理，将自学用具安置有序以及利用计算机等现代化、数字化信息处理技术、传播技术收集、整理、加工、储存和利用信息的技能等。这类自学技能掌握得越多，越熟练，自学能力就越强。

最后，要教给学生一些成功的学习方法。如八环节学习方法：制订计划→课前自学→专心上课→及时复习→独立作业→解决疑难→系统小结→课外学习。SQ3R学习法：浏览（Browsing），即概要地读一读书的目录、提要；提问（Question），即一边粗读，一边提问；阅读（Read），即边读边思考；复述（Repetition），即离开书本讲讲主要内容；复习（Review）即在巩固中获得新的认识。总之，成功的学习方法很多，教师要教导学生根据自己的实际，灵活运用，采取适合自己特点的学习方法。

（三）运用启发式教学方法

启发式教学方法是以学生为学习的主体，教师从实际出发，启迪、诱导学生发现问题、思考问题，点燃学生创造的火花。教师在教学过程中常用的启发式方法有以下几种：

1. 比喻启发，引起想象

形象的比喻具有神奇的力量，能诱发学生的创造想象。如陶行知先生把束缚儿童创造力的迷信、成见比喻为"要不得的包头布"，要人们"把它一块一块撕下来，如同中国女子勇敢地撕下了裹脚布一样"。

2. 现场启发，激发兴趣

上海一小学生发明"多用升降篮球架"，就是一次冬季体育课上老师现场启发的结果。篮球架高大，不适合不同年级不同身高的学生。老师说，要是哪位同学能发明一个能升降的篮球架就好了。于是这位学生便受到了启发，发明了可升降的篮球架。

3. 视听启发，激发想象

教师利用现代化教学手段，呈现给学生绚丽多彩的画面和悦耳动听的音乐，化抽象为具体，化静为动，化无声为有声，开拓学生思路，激发学生想象。

4. 问题启发，启迪思考

"思源于疑"，创造欲往往是从疑问开始的。爱因斯坦也认为，提出一个问题，往往比解决一个问题更重要。因为解决一个问题，往往是一个技能而已，而提出一个新问题或新的可能性，从新的角度去看旧的问题，则需要创造性的想象力。教师不但自己要善于提出启发性问题，也要鼓励学生质疑问难。

5. 方法启发，启迪内因

教师不要教给学生死的知识，而要授之于活的方法，让学生自觉地、积极地、创造性地学习、创造。

6. 练习启发，重在创新

在练习中不仅要培养学生的技能技巧，而且要培养学生的智力、创造力，这就要求练习多样化，既求异又求同。

(四)充分利用现代化教学手段

传统教学媒体除课本外，主要是粉笔、黑板、挂图、模型、标本、实物等。随着科学技术的发展，教学手段逐步现代化。诸如录音、录像、电影、计算机乃至多媒体双向视频传输系统等，作为教学手段应用于教学过程。

创新教学应充分利用现代化教学手段来提高教学质量，培养学生的创新能力。运用现代化教学手段，可以使学习内容生动形象，一些本来不能直接看到的现象，通过声光设备能够看到。如用试管做化学反应试验可以把试管放到投影放大器上，让学生从荧幕上看得一清二楚，一些原来是一闪即逝的现象，通过声光设备，可以放慢速度，让学生仔细观察。这样可以使学生印象鲜明，理解深刻，记忆牢固，使抽象问题具体化，复杂问题简单化，不但能帮助学生理解教材内容，而且能丰富他们的想象，激发创新欲望，提高创新思维能力。

第三节　高校教育教学创新的思路

一、更新教学理念

(一)更新教育思想，确立实践教育教学理念

实践，是指将高校教育教学内容中的自然科学知识、人文知识、德育等各种理论知识教育，通过具体的系统实践来消化、固化、融合、升华。在实践中统一科学教育与人文教育，把实践育人贯穿于人才培养的全过程，培养学生的实践能力和创新精神，提升个人人文素质和科学素质，达到完全与社会实际需要相符合。高校在校园文化建设中要建立一种新的激励机制，带动学生积极展开创新创

业活动，并给予大力支持，全面推进实践教育。[①]

（二）树立以生为本的教学理念

就是在教育教学中要体现出对学生主体地位的充分理解和尊重，对学生潜能的充分引导和挖掘，对学生人格的充分培养和塑造，把学生的个人意愿、社会的人才需求、学校的积极引导有机结合起来，使学生在知识、能力、思想道德、身心健康等各方面得到均衡、全面的发展，从而促进学生成长成才。这一教学理念要充分贯彻到高校的所有教学环节之中的各个方面。彻底改变原有的缺乏弹性的、学生被动接受的没有选择余地的教学模式。

实施弹性教学计划，建立学分制、主辅修制，让学生有一定的选择权和支配权，可以自由支配属于自己的时间和空间，着力于学生创新能力和实践能力的培养；在教学目的上，要"一切为了学生，为了学生的一切，为了一切学生"。在教学方法上，要大力提倡"以学生为主体、教师为主导"的互动式教学方法，鼓励使用问题式、案例式、讨论式、情境式教学法，开展"启发、互动、探究式"的课堂教学实践，采取一系列措施，使教师由传统式知识传授型教学向现代式研究性教学转变，引导学生由被动接受型学习向研究型学习转变。

在教学组织的具体实施方面，应采取灵活多样的教学组织形式，而对目前过于刻板的传统教学方式进行创新，充分发挥学生的个性，对学生进行激发和引导，使学生经过探索研究而学会自主学习，使教学方式从传授知识向培养学生认知能力和全面素质转变。转变以教师、课堂、书本为中心的教学局面，进行师生互动，展开专题讨论，鼓励自主探索与合作的学习方式，培养学生的探索精神与批判性思维；重视教学的创新性和学生个体间的差别指导，让学生在与教师的朝夕相处中耳濡目染，接受熏陶；以学生亲自动手实践为主，采取提供实践平台、鼓励学生积极参与科学研究实践课程创新的手段，增强教学活力，培养学生获取新知识、分析和解决问题、交流与合作的能力。

---

① 李艳芳，韩燕．新时期高等教育管理路径及实践策略研究［M］．长春：东北师范大学出版社，2018.

(三)制定均衡的高校教育资源配置政策

在重点大学和普通大学之间要实现教育资源配置的均衡。在建设和发展重点大学的同时也要兼顾一般大学，着力改善一般大学的办学条件。还要针对目前不同区域间高校教育差距越来越大的现象，制定相应的区域高校教育政策，寻求不同教育资源在区域间配置的平衡，增强区域高校教育发展的动力。科学合理地安排高校教育的学科专业布局，加强教学内容和课程体系创新。合理安排课程，高校的办学理念、专业与课程设置、教学模式要与社会需求相一致，培养与社会需求相符的人才。首先，在进行学科专业建设时依据"厚基础"原则构建培养本学科专业人才的基础知识、能力和素质结构。其次，在安排学科专业布局时要依据"宽口径"原则，拓宽学生的专业知识面，把专业设置从对口性向适应性改变，实行宽口径的专业教育，优化课程整体结构，拓宽专业课程交叉培养，增加弹性教学，提高教学质量，提高学生的综合素质，促进学生科学全面发展，为社会提供高素质人才。最后，高校要抓住自身特色，合理定位，遵循差异性原则，建设优势学科，避免模式单一，合理配置教育资源，促进教育公平，促进高校教育科学发展。因材施教，树立以生为本的教学理念。因材施教，就是根据不同学生的个性特点来进行不同的教育活动，通过对差异性的辨析制订出适合其特点的教学计划。教育公平的实质不是使每一个学生都要获得同样的教育，而是使每个学生都获得"适合"自身的教育，这就是教育公平的"适合性"原则。我们要充分认识到学生是教育活动的主体，学生是发展的独立的人，每个学生都有自己独特的个性，我们要做到在制定目标、模式、内容以及方法等教学活动方面，坚持以生为本的教学理念，尊重学生的主体地位，充分挖掘学生的潜能，使学生的个性得到充分发展，塑造学生的健全人格，促进学生的全面发展，促进教育公平的实现。

(四)构建高校教育教学质量保证体系

高校教育教学的质量直接影响着人的全面发展，最终影响经济社会的发展，我们要依据相应的政策法规建立高校教育教学质量保证体系，规范学科专业建设，避免重复建设和教育资源浪费，构建独立的有权威性的教育教学质量评估机构，加强对高校教育教学质量的监督，完善高校教育教学评估政策，充分发挥社会的监督作用，对高校教育教学质量进行监督。

总而言之，追求高校教育教学公平是促进高校教育公平的核心所在，也是促进高校教育创新发展的不懈动力，我们必须坚持科学发展观，继续深化高校教育教学创新，优化高校教育结构，不断提高高校教育教学质量，实现人的全面发展，最终促进高校教育公平的实现。

二、推进师资队伍建设

逐步取消高校行政级别，精简高校管理机构，压缩行政费用开支，使教师真正在高校中处于主导地位，同时进行师资队伍建设。百年大计，教育为本；教育大计，教师为本。

教师作为高校培养人才、传播知识的主体，是高校教育教学中的第一生产力。一所学校的办学理念、办学方针都需要依靠教师在教学过程中呈现出来，高校要依据自身的办学特色，造就一支具有足够知识储备、教学科研能力、创新意识和人格魅力的高素质教师队伍。把重点学科、特色学科带头人的培养作为学科建设的首要内容，加大对重点学科、特色学科带头人的引进力度，加快高层次创新人才培养，突出特色训练，形成明显的学科优势，促进学科发展，进一步提升在职教师的素质，提高高校教育教学质量。

建设一支优良的师资队伍是提高教学质量的关键所在，是实现高校培养人才目标的有力保障。随着高校教育教学创新的发展，我国已经初步形成一支总体规模较适当、学科体系较齐备、综合能力不断增强的高校师资队伍，在数量和专业层次上都有了较大幅度的增长和提升，但是在整体结构、综合素质上依然存在一些不协调和不足之处，影响着我国高校教育教学创新的可持续发展。

（一）优化高校师资队伍结构

高校师资队伍的结构内容主要包括教师的学历、职称、年龄这几个方面，它可以直观地反映出教师队伍的质量、能力和学术水平的一些基本情况。这些年来，虽然我国陆续实施了"高层次创造性人才工程""高校青年教师奖""骨干教师资助计划""硕士课程进修"等多项高级资质队伍建设工程，但高校教师队伍的总体结构还存在着不合理因素。虽然现在的大多数高校都普遍抬高了门槛，高校教师的大门不再对本科生敞开，必须是研究生以上学历才可以获得进入的机会，但高学历人才分布不均衡现象也还存在，也存在缺乏拔尖人才等高层次人才的问题。因此，我们要加大对骨干教师和优秀学科带头人的引进力度，强化高层次带头人队伍建设。对于高职称的学科、学术带头人、紧缺专业人才要给予一定的政策倾斜，根据学科发展的目标，有目的地吸引高层次人才，以确保高校师资队伍的职称结构比例合理；还要通过有效措施引进高学历人才，提高师资队伍的学历层次。加强本校优秀人才的培养和吸纳来自不同地区和高校的人才，引进与培养相结合，推动人才与资源的有效整合，以利于各学科专业教师整体知识结构的优化，最终促进高校师资队伍结构的协调发展。

(二)提高高校教师综合素质

高校师资队伍建设是高校教育教学创新发展的基石，它直接关系着高校教学质量的提高与否。高校教师素质能力便是指高校教师所应具备的一系列知识、技能、态度和素养，以便他们能够有效地履行教学和科研任务，对学生进行有效的教育和指导。它主要包括以下几个方面：一是学科知识和专业素养。高校教师需要掌握扎实的学科知识，并持续深化自己的专业素养，以保持学术水平和教学质量。二是教学能力。高校教师需要具备良好的教学能力，包括教学设计、教学方法和教学评估等方面的能力，以提供有效的教学和学生指导。三是提升学生指导能力。高校教师应具备良好的学生指导能力，包括对学生的学术研究指导、学习能力培养、职业规划引导等方面的能力，以帮助学生全面发展和成长。四是提升科研创新能力。高校教师应具备科研创新能力，包括科研课题选择、研究方法运用、科研成果产出等方面的能力，以推动学科发展和学术进步。五是团队合作能力。高校教师需要具备良好的团队合作能力，能够与同事进行学术交流和合作，共同推动学校的教学和科研工作。六是教育伦理和职业道德。高校教师应具备良好的教育伦理和职业道德，保持教学和科研的诚信和质量，以及对学生的关心和尊重。高校教师素质能力的提升是一个不断发展的过程，需要教师自身不断学习和提升，并得到学校和社会的支持和培养。只有具备较高的素质能力，高校教师才能更好地履行教育使命，为学生的发展和社会的进步作出积极贡献。

三、创新课程体系及教学内容

(一) 课程体系创新

首先要优化和调整学科专业课程结构，因材施教，分层次教学、分类别培养，同时进行主辅修、双学位、定向培养、中外合作办学等多样化的人才培养模式，在满足不同基础学生学习需求和发展需要的同时，也能促进人才培养质量的提升。在课程结构上，打破传统的单一课程结构类型，即分科课程、国家（或地方）课程、必修课程统一天下的局面，重新调整课程结构，优化课程体系。综合课程、必修课程和选修课程都要各自占有一定的比例，以"本科规格+实践技能"为特征，重视学生的个别差异，坚持四个结合，即理论与实践、人文教育与专业课程教学、课内与课外、校内与校外相结合，构建一种合理的适合学生发展的课程体系，最终培养学生具备两个方面的素质——文化素质与创新素质，提高四个方面的技能——基本技能、通用技能、专业技能、综合技能。

在高校基础课程教育上，构建综合基础教育体系，所有学科专业都进行国防教育、人文教育、自然科学基础、德育实践等基础知识培训。要构建综合实践体系，搭建公共实践平台，包括专业实验、实习、设计，毕业设计（论文），德育实践，科技文化实践、创新实践等。还要构建学生实践能力考核体系，对学生的综合实践能力进行考核。进行"创新课程"研究，转变理论基础。创新课程所依据的理论基础由心理学扩展为社会学、经济学、文化学、政治学和生态学等更具包容性的学科领域。创新不仅包括首次创造，也包括对他人所创造出来的成果的重新认识、重新组合和设计应用。创新课程并不是以学科的方式向学生传授一整套如何创新的知识、方法和策略，也不是以学生获取学科知识为中心，而是以综合实践的方式为学生提供相对独立的、有计划地进行研究性学习、设计性学习、体验性学习、实践性学习、反思性学习和生活性学习的学习机会。让学生从自己的现实社会生活中自主选择研究课题并通过对开放性、社会性、综合性和实践性问题的探究，形成自己独特的学习方式，培养学生的创新精神、探究能力、开放性思维、社会实践能力和社会责任感。同时，创新课程也是一种创新性理念，指在一种课程开发与实施的过程中除了独立的综合实践课程之外，原有的所有课程科目在具体实践中都要设置一些必要的干扰性因素，并通过课程内容的复杂性、模糊性来增加课程的难度，以培养学生的探究能力。

（二）教学内容创新

遵循"厚基础、宽口径、强能力、重质量"的复合型人才培养原则，重新规划和设计教学内容与课程体系。改变过去只在专业学科范围内设置专业课、专业基础课、基础课的"三级"课程编排方式，构建专业必修、专业选修、学科必修、公共必修、公共选修五大课程体系，对教学内容与课程体系进行重新规划和设计，按照学科专业普遍大类平行设计学科专业类课程、新公共基础课程、文化素质教育课程和实践性教学课程等较大教学课程内容体系，增加选修课，减少必修课，对公共课进行分级分类教学。

厚基础，就是使学生熟练地掌握各个学科专业的基础理论、基础知识、基本技能，并能扎实地运用到实践中去，确保学生的知识基础，强化学生基础知识体系，打造精品课程。进一步加强学生基础理论、基础知识、基本技能和基本方法的学习与实践，进行优秀主干课程建设和基础品牌课程建设，重点建设基础较好、适应面广的学科专业基础课、主干课和专业课，使之达到国家精品课程建设标准。在课程体系建设上，要不断优化课程结构，拓宽专业课程交叉培养，提高知识质量，加强大学生文化素质教育，增加弹性教学，改变传统的教学计划。在"公共必修"课程之上可以设置"学科必修"课程，按照分类搭建课程平台，注重文理交叉，在课程体系中设置跨专业课程，强化专业渗透，为学生的宽口径发展搭建学科基础平台。优化学生知识结构，让学生根据自己的专业特长、兴趣爱好和发展趋向自由选择，进一步拓宽专业口径，培养大学生综合素质。强能力、重质量就是从培养学生全面发展、提高学生综合素质出发，以分析、模拟、影视教学等基本形式展开实践教学，加强课堂内外的实践教学环节，并通过组织社会实践、社团活动、专业实习等实践活动培养学生的务实能力、操作能力。注重学生的人格塑造，充分挖掘学生潜能，注重培养学生"从一般到个别"的解决问题的能力，着重训练学生"从个别到一般"的调查分析问题的能力，帮助学生养成可行性分析的良好思维习惯，使培养出的学生具备强能力、高素质。

（三）注重实践教学

当前，我国高校教育教学投入不足、教学管理环节薄弱、教学创新还需加大力度是高校教学工作存在的主要问题。从 1999 年起，由于高校的扩招，大学的规模扩大了，但大学生数量的急剧增加所带来的负面影响也正在逐步显现。旧的传统教育思想、教育观念仍占主导地位，教学模式、教学内容、教学方法与学生成才实际脱节，尤其缺乏相对应的实践教育导致人才培养与社会经济发展需求脱节，致使培养出的学生由于缺乏实践能力而不能满足创新型国家建设和经济全球化发展的要求，失去了大学服务于社会这一功能的重要意义。针对我国高校教育教学创新中出现的这种状况，教育部、财政部联合发出了《关于实施高等教育本科教学质量与教学创新工程的意见》，决定实施教育教学质量工程，中央财政投入大量资金支持"质量工程"建设。同时，教育部也发出了《关于进一步深化本科教学创新全面提高教学质量的若干意见》，指出要重点落实实践环节，拓宽大学生校外实习、实践渠道，与社会、行业以及企事业单位共同建设实习、实践教学基地，力求提高大学生的实践能力；对学生进行实践教育，并多方面采取各种有效措施，确保学生专业实践和毕业实习的时间和质量，把教育教学与社会实践紧密地结合起来。

开展实践教学，要求学校通过开拓各种有效途径为学生搭建实践平台，建立一批相对稳固的课内外学生实习和实践基地，并积极组织学生进行社会实践、调研、实习等活动，逐步培养大学生的敬业精神，培养他们艰苦奋斗的精神和坚忍不拔的意志，有计划、有目的地推动大学生自觉自愿地加强职业道德素养。逐步培养大学生的实践创新能力，积极支持大学生创新创业活动，致力于大学生创新素质的发掘和培养。创新素质主要包括创新意识、创新精神、创新能力等三个层面的内容。在一个创新型国家的建设进程中，这种全新的创新素质正逐渐成为大学生在就业市场中的核心竞争力。

四、教学模式和方法创新

（一）教学模式创新

人才的培养是一个复杂的系统工程，必须不断探索其内在的规律，创新并优化不合理的教学模式，认真细致地研究教学，研究其内在的多重因素：教学理念、教学内容、教学方法、教学模式等，从而掌握教学的规律。因此我们提出了"教学民主"的教学观念，对传统的教学模式进行创新，开创研究性教学、开放性教学和互动性教学等一些能够体现"教学民主"的经典教学模式，充分突出学生的主体性地位，激发学生的主动参与意识，开发学生的学习潜能，创设民主、和谐的学习氛围，指导学生学会学习。在教学中建立一种和谐的师生关系，充分调动学生学习的自发性和积极性，保证学生全面发展。

1. 推广研究性教学，培养学生的创新意识

教学从知识传递向注重能力培养的转变，必然要求教学方式方法的变革，推进研究性教学正是深化教学创新的重要路径，也是研究性大学人才培养的一个基本特征。研究性教学是一种将教师自身的研究思想、方法和最新成果引入教学过程的教学模式。通过研究性教学，使教学建立在科研基础上，科研促进教学的提高，教学与科研互动并向学生开放，从而引导学生在参与教学过程中步入科研前沿，激发学生主动思考、探索、实践的创新意识。研究性学习的过程，是情感活动的过程，通过让学生自发地参与探究性学习活动，获得亲身体验，逐步形成一种在日常生活和学习中勇于探索、努力求知的良好习惯，从而激发探索和创新的积极欲望。研究性学习过程，就是一个探索的过程，在一个相对开放的环境中寻找问题和探讨解决问题的过程。通过这一过程，可以培养学生的思维能力，培养学生发掘和解决问题的能力，增强学生对资料的收集能力、分析能力、总结能力，以及学会利用多种有效手段、多种途径获取信息都有积极的推动作用。研究性学习的过程是一个互动的学习过程，在这个互动的学习过程中离不开学生与团体、学生与学生之间的沟通与合作。可以说研究性学习为学生提供了一个人际沟通与合作的良好空间，为学生分享研究资料、学习信息、创意和研究成果以及发扬团队精神提供了一个很好的交流平台。培养学生学会合作，发现问题，克服困难共同解决问题的能力。研究性学习的过程也是一个实践的过程，要求学生从实际出发、实事求是，尊重他人研究成果，严谨治学，积极进取。研究性学习的过程也是一个促进学生全面素质提高的过程，通过学习实践加深了对科学以及科学对自然、社会的积极意义与价值的认知，使学生懂得思考国家、社会、人类与世界共同进步、和谐发展的宏大命题，在培养学生的创造能力和实践能力之余还促

进学生形成积极的人生观、价值观。而且研究性学习过程也为学生提供了综合运用各门学科知识的机会，加深了学生对学过知识的重新记忆，加强了学生所学知识的生活化。

2. 进行开放性教学，培养学生的积极参与能力以及自主创新能力

开放性教学是为了鼓励学生主动积极地去探究知识规律，对传统教学过程中影响学生发展的不合理因素进行改进，从而培养学生自主创新性的学习能力。开放性教学的主要思想理念在于以学生的发展为本，通过教学目标、教学方法、教学内容以及整个教学过程的开放，从传统的封闭式课堂教学走向开放式教学，充分发挥学生的主体作用，让学生掌握学习主动权，自己去探索、发现，培养学生的创新能力。在开放性教学中，教师不能仅仅拘泥于教材、教案的内容，要给学生提供充分发展的空间，创设有利于学生自主发展的开放式教学情境，根据学生的发展状况不断调整教学过程的每一个环节，激发学生学习的动力，促进学生在积极主动的探索过程中健康、全面、和谐地发展。开放性教学不只是一种教学方法、教学模式，它还是一种教学理念，它的根本目的是让学生的创新潜能得到充分发展，以开放的教学活动过程为路径，以最优教学效果为最终目标。

3. 开创互动性教学，提高教学质量

互动性教学就是在教学过程中充分发挥师生双方的主动性，师生之间相互交流、相互探讨，促进师生共同发展，最终优化教学效果、共同完成教学目标的一种教学模式。互动性教学可以活跃课堂气氛，而且能够及时反馈学生的学习进度以及掌握知识的规律。互动性教学包括教与学的互动、教学理念的互动、心理的互动以及形象和情绪的互动。互动性教学是一种富有生命力的创造性教学，有着现代性、互动性和启发性的特点，它不同于传统的以教师为主的灌输式教学，也不同于放任学生自由学习的"放羊"式教学，它要求教师按教学计划组织学生系统地有目的地学习，并要求教师按学生的发展要求有针对性地因材施教，促进教师努力探索、学习，不断提高自己的专业水准和教学水平，同时激发学生学习的积极性，促进学生个性的发展，提高教学效果和效率，最终提高教学质量。互动性教学以学生为主体，以教师为主导，提倡师生平等沟通、交流，让学生在没有压力的情况下轻松自由地学习，让学生参与教学计划、教学决策，有利于培养学

生自觉学习和主动学习的能力以及创新学习的能力。

(二)教学方法创新

进行高校教育教学创新要注重教育思想理念的更新，要符合经济社会发展的需要，要吸取国内外教育专家的理论和经验，要坚持理论联系实际。教师要树立大教学观，积极推进实践性教学，处理好知识教学与技能培训之间的关系，把练习、见习、实习、参观、调查等环节全部纳入教学范畴，使学生在实践中学会学习、掌握知识，在实践中培养解决问题的能力。

1. 启发式教学法

就是根据教育教学的目的、内容、学生的学习进度、知识规律和现有知识水平，采取各种教学手段，对学生通过启发、引导的方式进行知识传授、能力培养，促进学生主动学习的一种教学方法。启发式教学法是以教师为主导、学生为主体的一种科学、民主的教学方式，它能激发学生的学习主动性和积极性，激起学生的求知欲和探索欲，让学生开动脑筋、积极思考、大胆质疑、主动实践，并在教师的引导下带着问题进行学习研究，找出解决问题的办法，以达到掌握知识的目的。启发式教学法不只是一种简单意义上的教学方法，它更是一种教学理念。因此，为了激发学生的求知欲，为了提高学生的学习兴趣和探索的欲望，以及对学生创新思维的培养，教师应当遵循大学生的认知心理规律，充分考虑学生思维的特性，采用启发式、研究式的教学方法训练学生的思维，从感知和直观开始，不断引出问题，不断创造背景，紧紧抓住学生思维的火花，循序渐进，启发并改进学生的思维方式、学习方法，让学生在不断地探索研究过程中学习，增长知识，训练思维，由被动学习转变为主动学习，充分开发学生学习的潜力。

2. 实践式教学法

就是以边讲边练的方式在实践基地中讲授理论课，通过理论与实践相互结合的方式促进师生共同完成教学任务的教学方法。在教学过程中要着重培养学生的学习能力，培养学生获得知识和运用知识的能力，把教师的讲授、辅导过程和学生的自学过程结合起来，把科学研究引入教学过程，培养学生的研究能力和创新意识；指导学生积极参加社会实践，进行社会调查与研究，在实践中学习知识；

鼓励学生进行探索创新。教师讲授时要重视知识的集约化、结构化，让学生重点掌握学科的基本知识、基本结构与基本方法，并运用现代化科学技术逐步提高教学手段，提高教与学的效率，改进考试方法与教学评价制度，调动教师的教学积极性和创造性，促使学生主动地学习。在进行教学计划的过程中，教师作为学生学习过程的组织者与协调人，要精心创设情境，根据预定学习任务来制定教学内容，制定一些来源于实践活动的综合性学习任务，然后引导学生独立确定目标，让学生从一开始就参与到教学过程当中，制订学习计划并逐步实施和评价整个过程，形成实践与学习相结合的教学方式。在整个实践教学过程中，教师可以采用讨论式教学法，以及案例教学、项目教学等多种方式，激发学生的学习兴趣，培养学生独立思考的能力以及解决实际问题的能力，培养学生的科学精神、创新意识和独立人格。

不管采用何种教学方法，传授知识、培养能力、提高素质这三者在高校教育创新中都是有机的统一体，也是高校教育教学创新的最终目的，我们要通过教学方法的创新把这三者有机地贯彻到高校教育教学过程中去。我们要树立新的高校教育教学思想：教师要在充分发挥指导作用的同时抽出足够的时间和精力致力于科学研究，学生能够自由独立地学习、思考以及探索所需要掌握的知识（理论和实践），做到教学相长，教法与学法相互联系与作用，共同促进教学效果和教学质量的提高。

总之，在高校教育教学创新中要针对学生的实际情况并结合以上教学方法，才能够提高学生的综合素质，才能进一步提高学生的学习积极性，才能培养出具有一定理论知识和较强实践能力的实用型人才，才能更好地服务于社会。21世纪是全球化的时代，是知识经济的时代，我们要建设高水平高质量的大学，必须建立现代教育教学模式，坚持以生为本，推动大学教学培养模式、教学内容、教学方法的创新，才能更好地适应高校教育发展的需要，为科教兴国、依法治国服务。

五、重视大学生文化素质教育

大学生文化素质教育是大学高质量人才培养的重要组成部分，是我国高校教育教学创新的一个重要方面，要将文化素质教育贯穿于大学教育的全过程，进而实现教育的整体优化，最终达到教书育人的目的。大学生的基本素质包括文化素质（含思想道德素质）、专业素质和身体心理素质，其中文化素质是基础。文化是人们所创造出来的物质和精神的成果，是人的活动的对象化、物化，是人观念存在的形式，是超越个人的实物形态或观念形态。一种文化一旦被创造出来，就不再受时间、空间、个人的限制，就会被广泛地传播和使用。文化素质，就是人们所拥有的所有文化知识内在的积淀。文化素质对于人们的人生观、价值观的形成具有决定作用，并最终成为行为的指导规范。同样，人们已有的人生观、价值观也会反作用于文化素质。加强大学生素质教育，主要是指文化素质教育及创新精神、实践能力的培养。文化素质教育重点指人文素质教育，主要是通过对大学生加强文学、历史、哲学、艺术等人文社会科学、自然科学方面的教育，以提高全体大学生的文化品位、审美情趣、人文素养和科学素质。

（一）提高大学生文化素质教育的目的和意义

国家要发展，经济是中心；经济要振兴，科技是关键；科技要进步，教育是基础。由此可见，教育在我国发展中的作用和地位，是重中之重。在发展过程中，需要主体——人，是有知识、有文化、有创造力的人，进行社会发展和变革，因此，发展最根本地又被归结为人的发展。高校教育，主要是培育有知识、有文化、创新型人才，高校教育能够产生新的科学知识、新的生产力。高校教育所培养的不同专业、不同层次的各种文化素质人才在社会生活各领域的作用，将直接、间接地影响全社会的可持续发展，可持续发展的教育观念即应从全社会可持续发展的角度来审视教育的创新与发展。在高等教育中，我国已从办学体制、投资体制、管理体制、教育教学、招生就业、考试制度等方面进行了多层次的创新，已经逐步走上了一条可持续发展的新道路。当然这条道路并不平坦，在进行创新的过程中会有诸多的问题凸显出来，其中，提高大学生文化素质教育，显得尤为重要。

（二）观念变化对大学生文化素质的影响

我们生活的时代正处于急剧变革的社会转型时期，人们的生存方式和形态也随之发生了历史性的变化，这一变化深刻而广泛地改变了社会背景和机制，从而使道德的权威性与制约作用受到了很大的影响，甚至呈现出一定程度的弱化。目前，受社会上一些阴暗现象的影响，各种媒介的导向作用，使我国大学生的价值观、文化观都发生了巨大的变化。"价值观是人们对人和事的评价标准、评价原则和评价方法的观点的体系。它具体表现为信念、信仰、理想和追求等形态。一定的价值观反映着在一定生产关系条件下人们的利益需求，决定着人们的思想取向和行为选择。"① 在经济日益全球化的今天，经济的迅速发展，物质的极大丰富，也影响着大学校园。大学生作为最敏感的社会群体之一，其价值观也随之不断变化，几经波折，最终步入了功利主义的价值取向，出现以自我为中心，急功近利，重应试轻应用，重感性轻理性等行为现象；以享乐为荣，以劳动为耻，缺乏正义感等价值观。当前经济发展、文化思潮、教育创新与媒体导向等是影响大学生价值观变化的主要因素。

文化观是一个人对待文化的态度。我们要树立正确的文化观，不狂妄自大，不妄自菲薄。正确对待外来文化，不一概排斥，但也绝不崇洋媚外。我们生活在一个急剧变革的时代。经济的迅速发展在短期内大大刺激了人们的物质需要，而在物质需要达到一定的满足时，精神需求方面的问题就会显现出来。面对这个由经济的躁动带来的五彩缤纷的世界，西方文化的盛行，传统文化的优势在减弱，大学生的文化观也在发生着巨大的变化。对传统文化的取舍是一个非常尖锐的现实问题。中华民族有着历史非常悠久的传统文化，有着不同于西方文化的独特理念。其中最能体现中华民族优秀传统文化之一的就是它的道德观念。我国传统文化具有非常浓厚的道德色彩，我国古代思想家的思想与理论中充满了道德观点。传统思想文化的突出特点和优点之一就是它的道德精神。而部分当代大学生恰恰就是缺乏对这种传统道德精神文化的理解、继承和发扬，而是把它作为一种过时的腐朽的文化思想，把它和所有的传统文化一并遗弃，抛弃了我们中华民族的传统美德。但是，历史是不能忘却的，社会主义精神文明建设和社会主义的发展离不开我国优秀的文化传统。所谓"有中国特色"，它的主要含义之一就是我国的文化传统。深入研究我国传统文化，发扬其精华，对繁荣社会主义新文化，提高

---

① 刘思延. 高校教育教学管理实践与创新发展 [M]. 哈尔滨：哈尔滨出版社，2021.

国人的自尊心、自信心，增强国家凝聚力和提供民族精神支柱等，是一项不可缺少的基础工程。我国传统文化是历史的产物，有精华也有糟粕，我们对待传统文化应采取历史的、分析的态度，不应全盘否定。

西方文化的冲击也是一个应该引起我们警觉的现实问题。当代西方文化思潮，是西方文化的结晶，是西方文化在当代的重要思想形式和理论形式。我们身处于高度发达的信息时代，媒介的广泛传播诱导，对西方生活方式的渲染传播，使部分大学生对西方文化盲目追随，以致拜金主义、享乐主义、暴力主义泛滥及极端个人主义等盛行。当然，任何民族文化要延续发展，要勇于和善于借鉴、吸收外来优秀文化，要对世界上其他文化采取开放、兼容的态度，而不是闭关自守、故步自封。因此，要继承和发扬我国传统文化的精华和吸收西方文化中的合理因素，有助于我们树立竞争观念、创新观念、权力制衡等一系列新的文化观念；吸收西方文化的精华有助于建设我国现代文化。我们只有对传统文化、西方文化采取合理扬弃的态度，才能形成具有中国特色社会主义的新文化。

（三）提高大学生文化素质的途径

提高大学生文化素质教育，必须将文化素质教育贯穿于大学教育的全过程，要求培养出的大学生具备人文科学素质、自然科学素质，具有较强的综合能力，如观察分析能力，研究思考能力，语言、文字表达能力，决策能力，组织能力，处理复杂关系的能力以及应用计算机和现代信息技术进行学习、工作和生活的能力，从而实现教育过程的整体优化，以达到教书育人的目的。提高大学生文化素质，必须从以下几方面做起：

提高大学生文化素质教育，高校必须转变教育观念，进一步加大教育教学创新力度，建立科学的课程体系，创新教学内容和方法。首先，转变教育思想和更新教育观念。从目前情况看，我国高校教育继承和保留了科学、严谨、系统化等优良传统，但重理论轻应用，重传授轻能力和缺乏素质培养的现象仍很严重，尤其是学生创新能力的培养和个性的发展，长期没有得到应有的重视和真正的落实。因此，我们要转变教育思想，更新教育观念，在教育过程中要注重对学生创新能力的培养，开发学生的潜力，让学生在受教育过程中享受到创新的乐趣，积极进取，把学生培养成为全面发展的人。其次，构建科学的课程体系，进行教学内容和课程体系创新，充分发挥以课堂教学为主体的导向作用。文化素质不能纯粹以自然的方式在现实生活中靠个体的感悟和体验来获得或提高，而是需要精心设计和安排，以科学而系统的课程体系为支撑，通过发挥课堂教学的主导作用，来实现大学生文化素质教育的目的。总的来说，要全面提高大学生的科学素质与人文素养，在具体教学过程中，应强调人文与科学的自然渗透与融合，必须包括文、史、哲、自然科学等多学科门类的知识内容来构建多学科交叉的高校课程体系，为培养大学生科学素质和人文素养提供广博而深厚的文化底蕴。强调课程体系的科学性，使大学生通过各种必修课和选修课的学习，形成合理的知识结构和深厚的知识基础。

提高大学生文化素质教育，高校必须提高教师队伍质量，使教师的科学素质和人文素质全面提高。"师者，所以传道授业解惑也"，教育工作者是社会主义核心价值体系的宣传者和教育者，"身教重于言教"，教育工作者要发扬严于律己、以身作则、率先垂范的优良作风，自觉自愿地做到诚信、肯学、肯干，带头实践我们所提倡的道德标准、价值观念和理论要求，真正起到教育和带动广大学生的领头作用，只有这样，才能真正提高和发挥社会主义核心价值体系中教育工作的说服力、吸引力和感染力。

加强大学生文化素质教育，必须创新人才培养模式，把知识、能力和素质三者有机地结合起来，贯穿于大学教育的全过程，使大学生在这三个方面获得和谐同步的提高，以期造就出高素质的全面发展的人才。要培养大学生拥有良好的文化素质修养，不仅是传授和灌输文化知识，而且要教给他们获取知识的方法和技能，在获取知识的同时，让能力得到充分发挥，个人素质得到充分提高，这才是教育创新的最终目的，也是教育的真正目的。除此之外，还要全社会的积极配合，媒介充分发挥积极正面的舆论导向作用，这样培养出的大学生才是全面发展的人，才会成为有益于社会、有益于人类的有价值的新型知识人才，才能继续推动教育创新，从而推进整个社会的可持续发展。

第四节　高校教育教学创新的策略

一、树立终身教育的教学理念

终身教育、终身学习的思想是近代以来各国教育界乃至思想界的热门研究课题之一，构建终身教育体系、创建学习型社会逐渐成为联合国以及世界各国指导教育改革和社会发展的基本理念。终身教育论者认为教育具有时空的整体持续性，即教育与学习"时时都有，处处皆在"。传统教育往往将人的一生分割为三个时期，即学习期、工作期、退休期。终身教育则冲破传统教育的观念，认为教育应当包括人的发展的各个阶段及各个方面的教育活动，既包括纵向的一个人从胎教开始直至死亡各个不同发展阶段所受到的各级各类教育，也包括横向从学校、家庭、社会等各个不同领域受到的教育。我国《教育法》明确提出，要"建立和完善终身教育体系"。《面向21世纪教育振兴行动计划》进一步明确："终身教育将是社会生产力发展与社会进步的共同要求""基本建立起终身学习体系"。可见，终身教育、终身学习，已成为我们的教育和社会理想，建立和完善终身教育体系，已成为我们义不容辞的职责。因此，要树立终身教育的教学理念，将各类教育形式有机结合，合理配置，创新高校教育的教学模式。高校教育应肩负起发展终身教育的重任，依据社会的发展，职业的需求做好高等教育、岗位培训、知识更新教育和继续教育工作，尽可能满足社会和经济发展对于各种人才的要求。

高校教育应强化开放办学的指导思想。世界许多发达国家通过开放办学使高等教育从精英教育转向大众教育，甚至普及教育。我国高校教育要由封闭办学转为开放办学，一方面要大力发展远程教育和网络大学，采取"宽进严出"政策，向每一个人提供接受大学本、专科水平的高校教育。远程教育和网络大学由于不受时间和空间限制，更加适合各类在职人员的学习需要，也必将部分取代传统高校教育的函授、夜大学和自学考试的多种助学方式，成为21世纪高校教育发展的新生长点。另一方面要充分利用大学生是社会主义现代化建设接班人这个得天独厚的优势，与企业、社会建立更为密切的关系，把学校办成教学、科研和经济建设的联合体，提高高校教育在市场经济条件下的办学效益和"造血"功能，使高校教育在自身发展壮大的同时，进一步提高为社会服务的功能。还要有强烈的国际意识，推进和发展高校教育的国际交流与合作，大胆吸收和借鉴世界高校教育的成功经验，将我国的高校教育建成一个面向社会、放眼世界、兼收并蓄、博采众长的开放体系。

二、拓展德育教学的教学模式

从职业发展理论来讲，高校教育在德育教学上的缺失，将严重影响职场个体的职业发展精神和职业道德素养的培育。但是高校教育对象的特殊性，决定了学员的德育教学的艰巨性、复杂性，一般意义上的德育教学很难达到令人满意的效果，高校德育教学也成为高校教育中最为薄弱的环节。

因此，创新基于职业发展理论的高校教育教学模式，应当积极拓展高校教育中的德育教学这一重要组件。

（一）拓展德育教学的内容结构

现代德育是以社会现代化、人的现代化为基础，以促进人的现代化为中心，进而促进社会的现代化的德育。现代德育必然要反映现代社会中人自身德性发展的要求；反映现代社会发展的要求。因此，在高校德育内容的构成上，应该更具广泛性、现实性。职业道德是衡量一个从业者道德水平高低的重要标尺，它影响和决定着人们劳动的态度和方向，成为决定劳动者素质水平的灵魂，在高校教育内容中居于核心地位。在现实社会生活中，人们对于国家政策法规的认识了解还尚未普及，甚至存在着无知和漠视，经常出现行为过失，市场经济条件下更应当强调法治意识，运用政策法规来规范社会秩序，维护正当权益，这已经成为高校德育教学的必修内容。另外，高校德育不是向受教育者灌输一些既有的道德知识、道德规范，而是要指导受教育者运用科学先进的价值理念学会判断，学会选择，学会创造。随着科技、经济、社会的发展，人们的生活方式、价值观，包括道德观念、道德准则不断变化，原有的某些道德观念、道德规范有可能过时，不可避免地需要提出一些新的道德准则和规范。例如在科学道德、信息道德、经济道德、网络道德、生态道德等领域特别需要具体的规范，在这些领域特别需要道德的创造。因此，这也应该是高校德育教学的重要内容。

（二）拓展德育教学的教学形式

拓展德育教学的教学形式必须充分利用现有教学资源和条件，选取在教学中已经成形的教学方法和模式，进行拓展延伸。一方面，应当充分运用课堂教学，实施德育。课堂教学是学员学习的主要形式。在课堂德育教学实施过程中，根据高校学习的特点，在教学计划和教学内容上，都要做特殊要求，教育内容应该根据市场经济的形势，适时调整德育目标。将以往的"完人道德""圣人道德"调整为"高等道德"教育。教育过程中要坚持先进性和普遍性相统一的原则，立足市场经济的实际，提倡"为己利他"的道德建设目标，把"利己不损人"作为道德底线，并且把健全的人格塑造放在德育工作的首位。同时，注重发挥学员主观能动性，强化课堂师生双向互动，创造轻松、活泼的德育氛围，保证对学员实施有效的德育。可以聘请知名专家举办专题报告，作为特殊课堂形式，加强对学员的人生观、职业道德、现代教育教学和传统文化教育。总之，无论课堂之内还是之外，德育目标和德育重点都应在学生健康人格的塑造上，使学生明知道德建设是人格修养不可或缺的一部分时，他们才能从主观上愿意接受教育。

另一方面，利用多媒体教学，强化德育教学效果。传统的授课方式无法满足高校德育教学的需要。因此，在德育教学过程中，要克服枯燥的德育灌输，代之以鲜活生动的实例来感染学生。通过学生自主的情感判断来塑造道德榜样，唤起对道德善行的崇敬之情，在纷繁复杂的社会现象中找到自己的道德归宿。注重现代教育技术的充分运用以及信息技术与学科资源的整合。充分利用电影、电视、教学录像等信息化、电子化、智能化的多媒体教学手段，借助这些灵活多样、内涵丰富的声、光、图像等教学形式的直观冲击力，激发学生的学习兴趣，使学生的认识更加深刻，产生事半功倍的理想教学效果。此外，可以利用函授以及远程教学发挥网络教学的优势，拓展德育教学空间，克服高校教育教学时空上的局限性，整合课堂教学和多媒体教学的优势，充分发挥网络资源在教育教学中的作用。借助网络实施网络教学，可以将专家、学者的精彩专题报告、德育教学录像制作成教学辅导光盘在教学辅导网站上和有条件的教学点进行播放。这一生动、灵活、便捷的德育教学形式克服了高校教育时空上的制约，发挥了网络便捷、高效、涵盖广、辐射面大的优势，充分拓展了德育教学空间，为学生提供了全天候德育教学服务。

(三) 拓展德育教学的评价体系

基于高校教育的特殊性，大学生的德育考核评价有别于其他一般的考核，具有自身的特殊性。因此，列入教学计划的内容，可以通过知识考试的手段进行考核评价；对于学生的思想观念的考察，可以通过日常管理中的操行鉴定来考核评价；对于学生的行为考核主要由学校出具考核鉴定和进行跟踪问卷调查。另外，为了充分调动广大高校学生的积极性，鼓励他们在思想上、学习上积极进取，可以建立评优奖励制度，进行精神和物质奖励。对表现差的学生进行批评教育。通过长期的探索，以及多年以来高校教学的实践，制订一系列评判原则和标准，建立以职业发展为基础的高校教育德育教学全方位评价体系。使从禁锢人的头脑、抑制人的主动性和创造性的灌输性，转向开放性的、激发学生自主创造潜能的发展性德育。

(四) 拓展德育教学的管理网络

高校教育的德育教学是一项复杂的系统工程，必须动员所有高校、学生家庭等全方位参与，才能实施有效的组织管理。学校根据国家的有关规定，结合高校教育的特点，制订德育教学计划，科学、规范、可行的评价考核标准以及考核措施，如班主任配备、班级临时党、团支部活动安排等，负责德育教学的实施和知识考核。学生所在班级具体负责学生日常行为、思想观念等方面的鉴定意见。通过协调一致，才能形成高校德育教学的组织管理网络。

三、确立多元化的教学模式

创新基于职业发展理论的高校教育教学模式，需要以大学生的职业发展需求为导向来设计多元化的教学模式，创造一种超越时空限制的弹性化学习机制。确立多元化的高校教育教学模式，必须体现高校特点并以高校的生活、需要与问题为中心，突出能力培养与多种教学范式综合运用的教学活动与形式。新的教学模式应强调个体的思维能力和动手能力，而非仅仅学习基础知识；强调创造性解决问题的能力；强调培养学生面对快速变革的职业生涯和多元的价值取向所应具有的包容能力和理解能力。

在课程建设目标上，要更加强调综合能力和建立在个性自由发展基础上的创新能力，以克服与全球知识经济发展相悖的"知识本位"课程设置所导致的知、能脱节之顽症。在教育建设中注入科学精神和人文精神，以滋养和陶冶学生的性情，帮助其顺利走上职业发展道路。按照教学对象的细分，我们可以把多元化教学模式分为脱产、业余和函授三种模式。对于学生为脱产生的教学模式，其教学目标为：系统地掌握知识、方法和技能，综合素质全面提高；其教学内容为：基础理论+专业理论+专业技能；其教学方法与手段为：课堂教学法（主）+试验实践教学法（主）+网络教学法（辅）。对于学生为业余生的教学模式，其教学目标为：较系统掌握知识要点，具备从事专业岗位的知识结构与知识适用能力；其教学内容为：基础理论+专业理论+理论运用；其教学方法与手段为：课堂教学法（主）+网络教学法（辅）。对于学生为函授生的教学模式，其教学目标为：了解一定的理论知识要点与基本具备进一步提高的能力，基本具备知识要点使用能力；其教学内容为：基础理论+专业理论+理论适用；其教学方法与手段为：网络教学法（主）+课堂教学法（辅）。①

在具体的实践中，确立多元化的教学目标应注意以下几点：首先，确立多元化的教学模式应突出学生的能力培养。函授生、业余生来源于生产、服务、管理第一线，具有较强实践工作经验，但理论知识相对较缺乏，因此需要通过专业知识的学习与深化，强化理论知识与实践的结合，培养专业技术知识的综合运用能力。而脱产生的学习目的是适应市场变化新形势，通过学习找到较满意的工作。因此，高校教育教学模式必须体现以高等需要为中心的"突出能力培养"的目标。其次，应提倡跨时空的教学形式。学生的工学矛盾突出，文化基础差异较大，这为教学组织和教学质量的提高增加了困难。而以网络为基础的教学手段则有效地解决了以上问题，一方面，网络教育不受时空限制，从而为成教学生提供了跨时空的学习环境；另一方面，网络教育作为一种教学补充，有利于基础较差

---

① 马周琴. 新建本科院校教学管理创新研究 [M]. 北京：团结出版社，2018.

者的知识补充。因此，多元教学模式必须具备"虚拟学习环境与学习社区"功能。最后，确立多元化的教学模式，应转变教育观念，改革和创新教学方法，采用适合于高等教育心理特点和社会、技术、生活发展需要的教学方法。比如，大胆地继承和发展课堂教学法，特别是 20 世纪 80 年代以来创造和发展起来的许多成套的综合启发式教学法；深层次地挖掘实验法、演示法、讲授法、讨论法、发现法、演练法、问题法、案例法等基本教学方法的优化组合，对优化教学过程的巨大潜力。这些课堂教学法能够克服封闭式的、注入式的、僵硬的教学法的弊端。它能做到教为主导、学为主体和因材施教，可以激发学生独立思考和创新的意识，培养学生积极探索、勇于实践的学习能力。

第五章　新形势下高等教育管理的创新发展

第一节　当代高等教育管理面临的新形势

一、当代社会发展的新变革

（一）全球化的时代背景

　　人类社会日益进入全球化时代，已是毋庸置疑的客观历史事实。全球化是一个多维的过程，包括社会、政治、经济、文化、军事等诸多领域的变革。因此，我们可以说经济全球化、政治全球化、文化全球化。这些领域变革的总趋势是相互交往的加深与扩大，而且这些领域相互之间的联系程度也在加深。随着现代科学技术的发展，特别是网络信息技术的发展与普及，为全球化提供了超越时空约束的物质手段。在全球化背景下，各民族国家之间、各地区之间的联系、沟通已经明显增强。各国家之间、地区之间的相互依存及优势互补极大地推动了人类和社会的全面发展。然而全球化也是一把双刃剑，既对我国社会主义现代化建设产生积极影响的同时，也对社会产生了不同程度的消极影响。对于全球化背景下的高校学生教育管理而言，学校逐渐由封闭转向了开放，由面向国内转向了面向国际，特别是对于思想活跃的当代大学生而言，他们好奇心强、求知意识旺盛、易于接受新事物，但是辨别是非的能力尚不成熟。因此，全球化的时代背景是高校学生教育管理工作面临的总体背景。

（二）多元文化的诸种影响

　　伴随全球化进程的加快，"在现实社会中文化提供给人们的将不再是单纯的色彩、固定的理念，而是以丰富多彩为特征，是本土文化、外来文化和由多种文化融合而产生的混合文化共存的局面。世界上不同的地域、不同的国家、不同社会制度下的文化相互融合、吸收、并共处于同一环境。"因此，我国的文化结构也呈现出多元化的趋势。多元文化为社会开辟了丰富的文化景观，拓宽了人们的知识视野，同时人们可以按照不同的文化趣味进行选择生活。特别是随着西方社会思潮的涌入，对我国的文化产生了深刻的影响，同时也影响着人们的行为选择，以身作则中存在着自由主义的倾向、热情奉献中夹杂着对个人利益的考虑等等，这都在一定程度上说明了多元文化并存产生的诸多影响。而当今的高校大学生是社会上对文化触觉最为敏感的群体，他们最先感觉和接触到多元文化，这对他们的价值观念和社会认知将产生潜移默化的影响，也将直接影响到高校学生教育管理工作的开展。

(三) 网络信息技术的双重效应

21 世纪的人类社会将变成"信息社会"。以互联网为代表的信息技术的高速发展，不断改变着整个社会的生产、生活方式，使整个地球变成"地球村"成为可能。随着网络信息技术的发展，大学生可以充分利用网络这一便捷资源获得丰富的信息资源。可以说网络是现代社会中人们认识世界的一种重要的和新型的方式。人们通过网络信息技术不断地认识世界和改造世界并进行着自我认识与改造，因此现在社会中人们往往被称为"数字化生存"或"网络化生存"。对于高校大学生而言，网络信息技术可以开阔眼界、活跃思维，促进观念更新。但是网络信息技术的发展，也对大学生产生了一定的消极影响，当代大学生更倾向且习惯于电脑、电话及手机短信等现代信息工具进行交流。这些现代化的网络信息工具为大学生教育管理营造了一个现代化的世界，同时也"无情地剥夺了下一代身心健康成长应有的亲近自然、和谐伙伴和童年情趣等宽松环境"。因此，网络的虚拟性给高校学生教育管理工作的有效开展带来诸多的不利。

二、当代高等教育改革的新趋势

(一) 精英教育向大众教育的转变

"从 1999 年开始，中国高等教育有了跨越式发展。1998 年，全国高校的招生人数为 180 万，1999 年扩招比例高达 47%，其后三年分别以 25%、17%、10% 的速度增长，到了 2005 年，高校招生人数已达到 530 万人。"① 而这个数字在 2023 年达到 913 万，截至 2023 年统计结果显示，我国高校在校人数达 4430 万。高等教育的规模发生了历史性变化，由精英教育转向了大众教育。从精英教育到大众教育的转变，是我国高等教育改革的重要成果，它使更多的人享受到高等教育，提升了国家的整体教育水平，提高了我国人民的素质，促进了我国向教育大国的迈进，同时也使我国人口素质由人口大国向人力资源强国转变。但是在我国高等教育由精英教育向大众教育转变的过程中，由于高校扩招增长速度过快，使高校招生规模大大超越了高校的承载能力，高校的硬件设施难以满足众多学生的各种需求，教室、宿舍、食堂、实验室、图书馆等设施严重不足。同时师生比例也极为悬殊，专业教师队伍与专职辅导员队伍都没有得到及时的补充。这些因素都直接影响了当代大学生在高校学习期间的学习和生活质量。

（二）学分制、弹性学制的施行

学分制是现代高等教育所普遍采用的教学管理模式。学分制打破了以往年级制的束缚，而允许学生从自身的知识基础、兴趣、能力出发进行跨学科、跨专业地选课，可以增强学生自主学习的能力，拓展学生学习的空间和知识视野，凸显了学生的主体地位。学分制是高等教育适应市场经济体制、适应社会需要的一种现代教学管理模式。学分制的实行是现代高等教育发展的普遍趋势，对于高校改革与发展具有重要的价值。一方面，学分制符合时代发展对培养创新型人才的要求；另一方面，学分制有利于培养自我教育的意识。由于学分制、弹性学制的实施，传统的以班（年）级为核心的学生教育管理模式的成功做法和经验，正在逐渐地丧失优势，学分制为学生自主学习、充分发挥学生的特长创造了必要的条件，增强了学生自主学习的能力，提高了学生的综合素质。

（三）高校后勤管理体制的改革

高校后勤管理体制改革是我国高等教育改革的重要组成部分，特别是随着我

---

①杨娜，张海萍，姚靖. 教育管理理念与思维创新 ［M］. 沈阳：辽海出版社，2019.

国近年来高校后勤管理的社会化改革，打破了我国传统高校与社会之间的壁垒，也在一定程度上促使大学生生活环境的社会化。可以说高校后勤管理的社会化改革是我国社会主义市场经济体制下高等教育领域中的重大改革，是高等教育发展的必然趋势。后勤社会化改革使高校学生近距离地与社会接触，体验到竞争的残酷和激烈，能使学生学会面对市场经济进行思考。特别是部分学生通过参加勤工助学和志愿服务等社会实践，养成了吃苦耐劳的精神和勤劳俭朴的品格，培养了自我控制、自我管理、自我服务的能力。高校后勤管理体制的社会化改革提高了学生学习和生活的质量。但是高校后勤管理体制的社会化改革也引发了一系列的矛盾，特别是随着学生的娱乐、社交、社会工作等逐渐走出校园，并且诸多社会因素涌入校园，这些都增加了高校学生教育管理的难度。而且后勤的社会化改革将学校与学生的关系由原来的管理者和被管理者的关系转变为经营者与消费者的契约关系，由此在学生教育管理过程中导致了诸如管理理念、价值取向等不同层面的问题，增加了学生教育管理的难度。

三、当代大学生呈现的新特点

(一)思想认识的多元化

从总体上而言，当代大学生有较高的思想素质和道德观念，有较强的责任感和使命感。他们的爱国热情高涨，理想信念坚定；能够健康积极看待人生，务实进取实现自我；拥护高等教育改革，注重全面素质提高。但是由于社会和家庭等环境多方面的影响，一些大学生在性格特征、社会使命感、智能结构与心理品质等方面又有着特殊的表现。首先，他们的自我意识突出。不再简单地依赖老师、家长和社会的赏罚，也不会被动和盲目地遵从某种既定的社会价值范畴，他们的自我意识突出，自主性较强，善于追求自我选择和实现自我价值。其次，他们有一定逆反心理。有些大学生喜好标新立异，对待社会问题往往带着批判甚至是反叛的心理，从而在许多问题上带有偏激的论调。最后，社会责任感呈现情绪化色彩。

(二)学习生活方式的多样化

当代大学生学习生活方式的多样化主要体现在：第一，学习方式的多样化。

当代社会正处于知识经济社会和信息化时代，大学生获取知识的途径不再单纯地依赖于课堂听课这一主要方式。大学生的学习方式也呈现出多样化的趋势，诸如学术交流途径、多媒体教学、网络途径、社会实践途径、自学途径等都可以丰富大学生的知识学习。第二，生活方式多样化。当代大学生的生活方式也呈现出多样化的特征。有的学生把自己大量的时间都放在学习上；有的学生利用业余时间来打工挣钱；有的学生喜欢和同学们结伴去旅游；有的学生喜欢体育运动；有的学生生活起居很有规律；有的同学生活起居无规律等。大学生学习生活方式的多样化的原因既有地域差异，又有性别差异；既有兴趣差异，又有爱好差异。

第二节　高等教育管理创新的基本理论

一、高等教育管理创新的含义

创新一词最早源于经济学，1912 年哈佛大学经济学教授熊彼特从经济学意义上对创新做出解释，他认为创新的概念包含 5 种情况：创造一种新产品；采用一种新的生产方法；开放一个新市场；取得或者控制原材料或半制成品的一种新的供给来源；实现任何一种新的产业组织方式或企业重组。从经济学角度界定创新为人们进行后续研究奠定了基础。随着社会的发展，创新的含义也在不断地丰富和发展，从字面上看，创新既包括事物的发展过程，又包括事物的发展结果，还包括新的发现发明、新的思想和理念、新的学说与技术、新的方法等一切新事物。

作为管理创新重要组成部分之一的教育管理创新，既是教育管理适应社会经济发展需要，也是教育管理适应自身变革的反映。一般认为管理创新是创造一种新的资源整合模式，这种模式既可以是新的有效资源的整合达到目标与责任的全过程管理，也可以是新的具体的资源整合及目标制订等方面的细节管理。从管理创新的角度出发，国内学者对教育管理创新的研究主要从学校管理创新来阐述的。

董祥智认为，学校管理创新是培养创新人才而对学校管理进行的创造性的变革。它的产生是学校教育创新的呼唤，也是社会经济转型要求的回应。其实质是对办学资源的拓宽、提升和优化组合，形成新的管理格局，以提高管理效率，促进和保障创新人才的培养。①

程振响认为，学校管理创新是以开发和培养学生创新精神和实践能力为重点，以实施素质教育为核心，以改进学校管理工作而创设的新的有效的资源整合模式。它既可以是学校有特色的新的发展战略，也可以是新的策略运用；既可以是新目标的制定，也可以是新的资源整合操作程序的运用。②

综合各种有关教育管理创新概念，我们认为教育管理创新是一种教育活动，是一种教育理念，应有狭义和广义之分。广义的教育管理创新是指，凡是以实现一定教育目的和教育管理目标为目的，积极采取有效措施，实现教育资源合理、优化组合，尽可能地发挥其功效的教育管理活动。狭义的教育管理创新是指学校管理创新，管理者为实现一定教育目的和管理目标，而对学校有限教育资源进行优化组合，发挥学校教育最大功效，以实现教育管理者所期待的目标的一种教育管理活动。

二、高等教育管理创新的内容

(一)教育管理思想创新

观念是变革的先导，人的行为总是在一定观念的作用下发生的。创新活动的产生也不例外，它是在一定的观念指导下创生的。创新意味着对原有事物的一种否定和继承，是对事物的一种重新定位组合。从创新的过程看，原有的事物不可能自主去变革更新，它需要人们去打破常规，对原有事物进行创新，需要在管理思想上进行创新。教育管理思想创新主要体现在以下几个方面。

1. 管理目的上由单纯管理向服务型管理转变

教育管理的目的不是为了管理而管理，它的核心是为教育服务。即通过教育为学校提供人力、物力和财力，实现教育资源整体的优化，使教育资源发挥最大

① 董祥智. 学校管理创新的理念与策略 [J]. 教育理论与实践, 2002 (12): 21-23.
② 程振响. 创新管理: 学校持续发展的动力 [J]. 教育发展研究, 2001 (1): 78-80.

效力，实现教育的既定目标。教育管理为学校、教师和学生服务的管理思想的形成，是以人为本的教育管理理念的一个重要方面。

2. 变封闭式管理为开放式管理

以往教育管理是一种封闭式管理，这种封闭式主要体现在：从管理主体看，教育管理的主体主要是教育行政领导和校长。教育管理组织模式采用的是一种封闭金字塔式的科层管理体制。要进行教育管理创新，就要树立一种开放式的教育管理思想，特别是在知识经济和教育管理权力下放的背景下，这种思想尤为重要，要求教育管理领导权下放，实行一种"共享的教育领导"价值观。在课堂上，教师同自己和学习助手分享领导权，不是建立在严格意义上的你做这个，我做那个基础上，而是共享学习信息，共同计划活动和共同执行。这种共享领导权意味着，教育管理的主体范围的扩大，家长和社区、教师甚至学生都在某种程度上参与教育管理。这已经成为教育发展和决策的主要支撑。在教育管理组织形式上，要变金字塔式的管理为一种扁平的开放式的组织结构，在管理机构中打破命令式的管理，实行一种民主的管理，使学校成为一种学习型的组织。

3. 教育管理的哲学思想基础从物转向人

传统的教育管理，秉承了工业管理的模式，从经济管理的角度出发，把管理客体看作是物体。在管理中，忽视了人的感受、意志和能动性，实行理性管理，人参与管理的意识受到压抑，进而影响组织机构的管理效率和质量。知识经济时代，知识在经济发展中占有重要的地位，人力资源的开发成为经济发展的动力和支撑。因而，在教育管理中，要挖掘人的潜力，实现传统管理哲学思想观念的变革，实行以人为本的管理理念。在教育管理中，教育管理目的、教育管理组织和教育管理思想基础的变革更新是教育创新的前提和基础。

(二)教育管理组织创新

如果说教育观念创新为教育管理创新提供思想的先导，那么教育管理组织的创新则为管理创新提供机构上的保障。教育管理组织机构创新通过管理机构改革，通过组织内原有机构的优化组合，发挥组织机构的最大效用，建立起高效、精悍的组织管理机构。教育管理组织机构的创新，可以是在原有组织基础上的重组，通过重组，扬长避短，发挥组织的最佳效益。教育管理创新也可以根据管理理论的发展，适当引进经济管理的有关理论，通过这些理论研究分析，把它与教育管理的实际相结合，创造出一种新的管理组织机构。从某种意义上说，教育管理组织创新对教育管理的效率产生深远的影响。

（三）教育管理手段创新

经典的教育管理手段是行政、经济、法律、文化和教育等方式。教育管理手段创新主要反映在运用的方式方法上。一般而言，教育管理手段创新通过这样几种模式：第一种是"移植"模式，主要是管理方法上，引进其他相关领域的管理手段，根据教育管理现状加以运用，从教育管理创新的角度上说，这是一种最为原始的创新；第二种是"融合"模式，这种模式是借鉴相关领域的管理方法和手段，根据教育管理的实际，把它融进教育管理手段中，形成一种新的管理手段，这是在教育管理创新中常用的方法；第三种是"独创"模式，这种模式是管理者通过教育管理的实践，结合学校教育工作的具体状况，不断研究和探索，在此基础上，形成一种全新的教育管理手段，这是教育管理创新中最高级的一种，也是真正意义上的教育管理手段创新。

（四）教育管理模式创新

从管理产生起，它就是在创新推动下不断发展的。从古典理论到现代理论，每一步都凝聚创新的心血。教育管理模式创新的关键是管理活动的形式。这种创新一般可以采用两种方式：一是整体创新，是对原有管理的否定，它要求彻底打破旧的管理模式，以一种全新的管理模式取而代之。二是对原有模式的改进，这种改进是通过对原有管理模式的研究分析，在此基础上，革除模式中不合理的成分，使管理模式更加有效，从而充分发挥管理的作用。

三、高等教育管理创新的特点

学校管理创新具有以下特点：

（一）学校管理创新既有继承性，又具有鲜明的时代性

教育管理创新不是凭空产生的，它是在以往教育管理经验和管理理论基础上的一种扬弃和超越，继承其科学合理的部分，抛弃不合理的内核，同时超越原有的理论和经验。教育管理创新永远追寻昨天、今天和明天的轨迹向前发展。它是在继承传统教育管理思想的基础上，对影响教育发展的外部因素和教育自身变革的一种适应和发展。因此，教育管理创新不是对原有教育管理的全盘否定和抛弃，而是一种自我扬弃，是在继承的基础上，不断吸收适应时代发展的因素，从而使自己建立在坚实的理论和现实的基础上。

教育管理创新具有鲜明的时代性。教育发展受社会、政治、经济和文化发展的影响，作为教育一个方面的教育管理，必然也受这些因素的影响和制约，反映时代发展的要求。教育管理创新是在发展与变革的时代，对教育管理自身存在的问题进行反思，改变教育管理中滞后的思想、观念和组织形式，以适应社会发展的需要。教育管理创新鲜明的时代性，使教育管理改变以往那种被动适应的状况，采取主动的方式，实现自身的变革，为自身发展注入活力。

（二）教育管理创新结果延时性

由于教育具有周期长的特点，即教育发展的结果要有一个很长的周期。教育管理主要是为教育服务的，因而教育管理结果也具有一定的周期性。教育管理创新需要很长时间。因此，教育管理创新应具有前瞻性。也正是因为教育管理创新的延时性特点，成为教育管理创新的一个阻碍。

（三）教育管理创新是一个协调各种管理要素的过程

教育管理是一个复杂的系统，在这个系统中它要调动学校内的积极因素，同时还要考虑影响教育发展的社会、政治、经济和文化的因素，教育管理还要调动管理中人的因素，这种复杂的管理过程，要求教育管理必须协调各种因素，使各种因素协调发展，发挥管理组织最佳效益。这是管理创新的一个重要使命。

第三节　新形势下加强和改善高等教育管理的对策

一、创新高校学生教育管理理念

理念是行为的指导思想，科学合理的高校学生教育管理理念是做好高校学生教育管理工作的基本前提。因此，高校学生教育管理工作必须理念先行并创新高校学生教育理念。只有实现高校学生教育管理理念的创新，并用先进的学生教育管理理念指导学生教育管理工作，才能陶冶学生情操、提高学生素质，促进学生个性发展。

（一）树立以人为本的理念

受传统功利主义思潮的影响，目前的高校学生教育管理仍是在"科学主义"思维指导下进行，"科学主义"思维追求学生教育管理工作的效率和管理的规范性，从而在实践上呈现出"非人性"的"物化"特征。针对目前高校学生教育管理过程中所存在的弊端，高校学生教育管理工作者要顺应"以人为本"的时代潮流，将"以人为本"的教育管理理念注入学生教育管理工作，从而凸显"人本化"的发展趋势。以人为本的高校学生教育管理，是指高校在进行教育管理过程中以大学生为出发点和中心，围绕着激发和调动大学生的主动性、积极性、创造性展开的，以实现大学生与高校共同发展的一系列管理活动。在高校学生教育管理中贯彻以人为本的理念，是提高大学生思想道德素质和科学文化素质的有力措施，也是培养德、智、体、美、劳全面发展的社会主义现代化建设人才的基本途径。在高校学生教育管理中树立以人为本的理念就是要确立学生在学校中的主体地位，从学生需要和利益出发，自始至终贯穿主动、积极为学生服务，为学生的成长成才服务的思想；要以大学生为核心，把满足和引导大学生的需要作为管理的前提和出发点；要把尊重、关心、理解大学生作为管理原则。总之，以人为本的理念就是把大学生作为高校学生教育管理工作的主体，在学生教育管理活动中注重培养学生的独立性、自主性和创造性。唯有如此，才能够提高大学生的综合素质，实现大学生的价值，推动社会全面进步。

（二）树立全面服务的理念

现代高等教育的本质是在教育中管理、在管理中服务、在服务中使学生接受教育。因此，高校学生工作者要树立全面服务的理念，自觉地把教育、管理、服务有机地结合起来，开创学生教育管理工作的新局面。通过树立全面服务的理念，从而将高校学生教育管理工作从传统的管理型工作模式向现代的服务型工作模式转变。通过实现这一工作模式的转变，从而为高校学生的健康成长创造有利条件，充分激发学生全面成才的内在动力。

树立全面服务的理念就要做到：

1.为学生提供学习服务，指导学生考研、出国、工作等职业生涯规划；

2.为困难学生提供勤工助学服务信息，扩大勤工助学的网络与途径，帮助困难学生顺利完成学业；

3.为学生提供各种生活服务，学生不仅是受教育者，也是教育投资者和消费者，要改善生活环境，对学生社区进行物业化管理，健全学生生活的文化社区，以供学生休闲、健身、娱乐等；

4.为学生提供就业服务，健全信息网络，加强政策、心理、技术各方面的指导等。

总之，全面服务理念就是要把握学生在学习、生活中不同方面、不同层次的合理需要，在服务方式要全面性的同时，实现服务最优质化。以全面服务理念为依托，把学生教育管理引向人性化，是新形势下高校学生教育管理的现实选择。

（三）树立民主管理的理念

在高校学生教育管理工作中要坚持民主管理的理念，民主蕴含着诸如自由平等、积极参与、权利与义务相统一的价值准则，这些价值准则在高校学生教育管理工作中具有普遍适用性。

在高校学生教育管理中树立民主管理的理念，一方面，要彻底改变高校学生教育管理工作的"行政化"倾向，以实现学生教育管理向"民主化"的转变。在教育管理过程中，要充分贯彻民主原则，逐步改变消极被动的教育管理方式，加强"自主化管理",逐步改变消极被动的教育管理方式,切切实实把大学生当作自我素质提高的主人。另一方面,随着现代社会的发展,当代大学生参与意识越来越强,越来越重视维护自身的切身利益,因此在高校学生教育管理过程中坚持民主管理理念,可以彰显学生教育管理的人文精神,切实保障学生的各种权利,从而为高校学生创造性人格的形成和发展提供外部条件。

"保证人们能够充分行使他们在教育上的民主权利,这也意味着保证他们有权参加教育机构的管理和教育政策的制定"。因此,高校学生教育管理要树立民主管理的理念,让学生参与学校管理活动,以增强学生教育管理的整体感,从而使管理者和被管理者形成合力,为实现共同的目的而努力。

二、完善高校学生教育管理体制

完善高校学生教育管理体制要在校院两级管理的基础上,面向全体学生,融教育、管理和服务为一体,整合校内资源,完善学生服务体系,实现学生教育管理体制的良性运行,从而促使学生教育管理工作效能的提高并全面为学生服务。

(一)建立新型学生工作领导体制

学生教育管理工作在高校中具有重要的地位,因此必须实行专门化的领导体制,要将兼职部门分管的所有学生事务都划归学生教育管理工作的管理系统,建立直属学生工作副书记领导的多个中心和办公室,实现学生工作处(部)和相关部门的有机重组,形成统一的学生工作领导体制。

按照以人为本、全面服务和民主管理的理念来建立新型的高校学生教育管理工作的领导体制。可以在学生工作处(部)下设服务部、发展部、管理部三个平行部门。

学生服务部主要是为全体学生提供服务而设的,其主要内容包括学生权利维护、学生心理咨询、困难学生资助、学生就业服务等;学生发展部主要是为学生的全面发展提供帮助,例如学生个性特征的挖掘,学生各种才能的展示等,使学生能够得到全面发展;学生管理部主要是负责学生的日常管理工作,包括党团管理、评奖评优、危机处理等日常学生管理工作。

这三个部门均是属于校级管理机构,同时在学校主管副书记的领导下,直接面向全校学生。同时这三个部门可以下设相应的学生工作中心，专门负责具体工作的开展。

在学院（系）一级设立专门负责学生工作的专职副书记作为本院学生工作的主管领导，同时下设学生工作办公室（院团委）直接接受学院主管学生工作的副书记领导，同时接受学生工作处（部）的指导并配合学生工作处（部）的工作。在学院学生工作办公室（院团委）设置若干辅导员岗位，同时聘请教师担任班级导师和学业导师，负责指导学生的学习。在这种新型学生工作领导体制下，学生归学院直接管理，同时又可以直接面向学校，院系和学生工作（处）为平行单位，但要接受学生工作处（部）的业务领导。在这种新型的学生工作领导体制中，学生可以与该体制中的任何一个部门直接接触，进行意见反馈或寻求各种帮助等。

该体制整合了校内学生教育管理的各种资源，协调了学生教育管理过程中的决策、指挥、组织等功能，可以有针对性地开展学生服务工作，有利于上级和下级之间相互配合并激发工作活力和创造力，使学生教育管理工作层层递进、环环相扣，进而有利于学生教育管理工作的开展。

（二）建立科学的学生管理工作体制

高校学生教育管理工作不能孤立地进行，必须与学校的教育、科研等密切联系。由于高校学生教育管理工作是一个多层次、多序列和多因素的不确定性的动态管理过程，这就需要高校学生教育管理工作要与高校其他部门、其他系统之间加强协调与整合，同时还要加强师生之间、同学之间的交流与合作，不断增强高校学生教育管理工作的成效。

因此，建立科学的学生管理工作体制，必须按照以人为本、全面服务和民主管理的理念，把学生教育管理中的人、财、物等方面的因素进行有机的组合，同时在学生教育管理的各个环节、各个层次进行科学的分工、协作与相互配合，形成一个有机的整体，最大限度地发挥学生教育管理系统的整体作用，从而保证学生教育管理工作的最优化与高效化。

目前，随着我国高等教育体制改革的深化，各高校在学生管理的工作体制上也进行了许多的实践探索。例如，有的高校成立了学生工作指导委员会；有的高校将学生宿舍管理划归到学生工作处；有的高校将招生工作划归到学生处等。

总之，随着高校学生教育管理面临的新情况越来越多，内容越来越丰富，有关高校学生教育管理的工作体制也越来越多样化。但是从总体上来看，目前绝大多数高校学生管理普遍采用的是校、院（系）二级管理体制。我们认为，新形势下的高校学生教育管理工作体制，要适应社会主义市场经济体制，对高等教育发展提出的要求，顺应高等教育与国际化相接轨并实现高等教育大众化的趋势，从高校学生教育管理的实际情况出发，结合学校的规模、办学特色、人才培养目标、学生人数及专业特色等因素，建构适合高校学生教育管理，同时又符合人才综合培养目标的，更能体现以人为本、服务学生的融教育、管理、服务、指导、咨询、维权、关爱"七位一体"的工作格局。

三、健全高校学生教育管理制度

建立科学、规范、完整的学生教育管理制度，是学生管理工作的需要。学生是学校最大的群体，学生管理工作的成效，直接关系到整个高校的稳定与发展。高校应按照国家有关法律规定，依据本校实际情况，制定完整的、可操作性强的程序、步骤和规章制度，并以此规范学生的行为，实施有效的管理。

(一) 建立责权一致的规范制度体系

加强高校学生教育管理制度建设，首先要积极推进责权一致的制度体系的规范建设，这是高校学生教育管理制度建设的基本切入点。目前，由于高校在进行深入改革的过程中，制度规范仍不够健全，专业化和专门化的制度还没有完全建立起来，同时有关学生教育管理的各项制度之间缺乏系统性、效率不高，在实际学生教育管理过程中经常出现责任相互推诿的问题，存在着制度的"缺位"现象。因此，结合当前高校学生教育管理工作所面临的新形势与新问题，高校必须加强责权一致的规范制度体系建设。高校可以根据高校学生教育管理工作所涉及的内容和性质，将高校学生教育管理工作分为教育型职能、服务型职能与管理型职能，依据此职能分工，确定不同的组织机构，例如可以设置学生思想政治教育中心、学生发展服务中心、学生事务管理中心等，以此对高校学生管理的有关各部门和工作职能进行重新组合。在制度建设过程中需明确各部门的职能，明确学校、管理部门、学生各自的权力和责任，解决好高校学生教育管理工作中的"越位""错位""缺位"的问题。同时责权一致的规范制度体系建设要与高校学生管理的组织结构和管理体制相结合。在组织结构方面，要实现高校学生教育管理结构由金字塔型向扁平型的转化，减少传统化、集中化的组织结构，增加学生正式化、专门化的组织结构，建立合理的组织结构，并进而实现组织结构的多元互动和整体结构的生成。在管理体制方面，通过责权一致的规范制度体系建设，可以进一步加强对高校学生教育管理的民主监督与管理，进一步凸显制度的民主化诉求，充分实现参与原则，使学生工作管理者、教师、学生、家长能充分地参与高校学生教育管理工作，通过制度来保证学生教育管理的民主化程度，从而提高高校的学生教育管理工作的工作绩效。

（二）健全学生教育管理制度的评价体系

当前高校学生教育管理制度的评价体系主要侧重于对学生成绩指标的评价，但是在学分制的背景下，由于学生选课复杂多变，使现行高校学生教育管理中的学生评价体系失去了可比性，以班级和年级为基础的学生评价失去了可操作性，从而导致学生的奖惩措施失去了应有的激励作用。健全高校学生教育管理制度的评价体系要秉承一定的伦理精神和价值观念，为高校发展与学生健康成长服务，并进而科学地组织学生的教育管理工作。为此，在健全高校学生教育管理制度的评价体系要注意以下两方面：一方面，学生教育管理制度的评价体系的制定要尊重学生的自由发展空间。高校要采取渐进的改革策略，投入高校学生管理制度评价体系的创新，保持高校学生教育管理制度评价体系的开放性和科学性，使制度评价体系不再仅仅局限于知识的积累和学生成绩的考查，要注重学生能力的历练和品质的养成，要发展学生的个性特点，给予学生自由发展的空间。另一方面，学生教育管理制度的评价体系的实施要重视学生的自我控制。评价体系要能够积极调动学生的主动性和参与热情，从而使高校学生教育管理工作得到更多的认同。因此，高校学生教育管理制度的评价体系要促进大学生发自内心自我选择进行道德行为。通过科学的评价体系，可以保证学生实现自我需要的成就感，并使学生具有较强的自主自觉性，能够进行自我指导和自我激励，并充分实现自我控制。

四、改善高校学生教育管理方式

随着高校教育体制改革的深入以及多种形式办学模式的开展，高校在全球化和信息化的背景之下，从原来的封闭环境逐渐走向了开放，同时由于当代学生思想的多元化发展，也为高校学生教育管理方式提出了新的要求，因而高校必须结合当前环境与学生的特点，改善高校学生教育管理方式。

(一) 思想政治教育方式

加强和改进大学生思想政治教育的基本原则是"坚持教书与育人相结合；坚持教育与自我教育相结合；坚持政治理论教育和社会实践相结合；坚持解决思想问题和解决实际问题相结合；坚持教育与管理相结合；坚持继承优良传统与改进创新相结合"。在改善高校学生管理方式上，必须着重加强和改进思想政治教育方式，让思想政治教育工作更加深入学生思想，更加有效指导学生实践。首先，思想政治教育方式要建立相应的领导机制、管理机制、运行机制、评价机制与保障机制，使思想政治教育方式具有稳定性和规范性，不断提高思想政治教育方式的实效性。其次，思想政治教育要将构建和谐社会、践行社会主义核心价值体系等作为当前高校思想政治教育的重要目标，并将此纳入大学生思想政治教育的总体规划。最后，思想政治教育方式要充分利用现代信息技术的发展趋势，充分体现思想政治教育与对外开放相适应的时代特点，将思想政治教育与社会发展、社会进步相融合，在提升学生民族精神和爱国精神的基础上全面地促进大学生的综合性发展。

(二) 激励教育管理方式

激励教育管理方式是当前高校学生教育管理中不可或缺的。激励教育管理是否得当，直接影响着学生的积极性、主动性与创造性。在一定程度上讲，激励教育管理直接影响着学生教育管理工作的质量和效率。因此可以说，激励教育管理方式是高校学生教育管理工作的关键与核心，在高校学生教育管理方式中居于重要地位。高校学生教育管理工作者要依据激励理论，运用物质激励和精神激励相结合的方法，采取多种有效的手段与方式，掌握激励艺术，充分运用激励教育管理方式在高校学生教育管理过程中的应用。高校学生教育管理工作者在运用激励教育管理方式过程中，要注意掌握以下原则：第一，要坚持公正的原则，保证在原则上对学生一视同仁，不搞偏好和区别对待；第二，要充分运用和强化精神激励的作用，精神激励往往起到物质激励所不能起到的作用；第三，要因人而异，灵活地掌握和使用多种激励教育管理方式；第四，要有足够的爱心，在工作过程中要以情感人；第五，惩罚要以教育为目的，切忌对学生采取一棒子打死的做法。只有充分地运用激励教育管理方式，才能充分激发学生的潜能，更好地发挥学生的积极性、主动性和创造性，从而更有利于学生的健康成长。

（三）情感教育管理方式

人都是有情感的，只有在情感上对学生多些关爱，对学生的生活多些关心，才能够不断促进师生之间的情感交流与融洽，教育管理的内容和方式才能够容易被学生接受。因此，要加强以情感教育管理方式开展高校学生教育管理工作。运用情感教育管理方式要从以下几个方面入手：首先，要加强与学生之间的沟通。高校学生教育管理工作者要善于站在学生的角度考虑问题，了解学生的心理需要和倾听学生内心深处的声音，经常与学生进行沟通，对他们的行为进行积极的引导。其次，帮助学生树立合理的目标。高校学生教育管理工作者要帮助和引导学生设置合理的目标，充分估计目标的可行性、可能性、价值性与挑战性，只有如此，才能充分使目标对学生产生积极的影响，进而更有利于学生充分地实现自我价值。最后，引导学生树立正确的价值观。高校学生教育管理者要以情感感化的方式，不断增强学生的自尊心与自信心，促进学生参与教育管理过程，赋予学生更大的自主权和参与权，提高学生对自身价值的认识，充分发挥他们的学习工作积极性。

（四）网络教育管理方式

随着科技的不断进步，网络已经在高校基本普及，基于网络自身的特点以及当代大学生对于网络的热衷与关注，网络在很大程度上已经成为大学生的"第二课堂"。因此，高校学生教育管理要充分利用网络技术条件和资源，发挥网络信息的快捷化功能和特点，大力加强学生的网络教育。实现高校学生教育管理的网络教育管理方式要做到：一是高等院校应积极加强引导，构筑网络教育阵地。二是迅速建立网络思想政治教育机制。设置网上课堂、提供生动、活泼的思想教育内容和教材。三是强化网络法治教育，制定涉及网络的法律法规。但是，为了更好地发挥网络教育管理的作用，必须做好以下两点：第一，要从网络技术和信息安全上，教育大学生做好自我防范工作。要了解大学生的网上意识、网上心理问题，增强网络思想政治工作的针对性和实效性。第二，加强建立高校校园网络管理制度，加强对各种有碍于大学生健康成长网络信息的监管。

五、加强高校学生教育管理队伍建设

辅导员是高等学校教师和管理队伍的重要组成部分，是开展大学生思想政治教育的骨干力量，在教育引导大学生成长成才、维护校园稳定方面发挥着不可替代的作用。因此，要大力加强辅导员队伍建设。

(一)加强辅导员队伍职业化建设

加强辅导员队伍的职业化建设是学生工作发展的必然要求。要对辅导员的岗位做好职业定位，使其具备一定的职业素养，在日常工作中，要对辅导员进行职业化建设，为他们提供不同的职业培训机会，如心理咨询师培训、学生教育管理培训、职业生涯规划培训、创业教育培训等。制定相应的激励措施，鼓励辅导员获得相关的社会职业资格认证，从而逐步推进辅导员队伍的职业化建设。

(二)加强辅导员队伍专业化建设

为进一步加强高校学生教育管理建设，必须加强辅导员队伍专业化建设。"要通过培训、进修等方式，不断提高现有政工队伍的整体素质。要进一步加大对政工队伍的培训力度，把培养政工骨干纳入学校整体培养规划中，全面提高政工队伍的理论水平和业务水平。"首先，要加强对辅导员的培训。要推行辅导员"先培训、后上岗"的制度，坚持辅导员岗前培训、在职培训、骨干培训和日常培训等多种培训方式相结合。其次，提高辅导员的专业素质。要根据学生工作内容和思想政治教育学科的特点，鼓励辅导员进行相关课题研究，并设立相关学科的研究方向，进而通过专业学习不断提高辅导员队伍的学科归属感。最后，鼓励辅导员进修，努力提高自身能力。鼓励辅导员在学生事务管理、事业规划、心理咨询等方面向专业化和专家化方向的转变；另外，应鼓励辅导员在职进修、参加同等学力研究生课程班或攻读硕士、博士学位，并提供政策支持。

(三) 完善辅导员队伍的激励及保障机制

辅导员队伍的职业化与专业化发展必须以辅导员队伍的激励及保障机制的完善为基本前提，努力创造和改善辅导员工作的政策环境和生活环境，充分调动辅导员的工作积极性。首先，建立健全辅导员学习培训机制。为辅导员提供岗前培训、在职培训、日常培训、专业培训、骨干培训、高级研修等多层次的培训机会。其次，建立健全辅导员考核机制。对辅导员的考核要建立科学的指标体系并作出科学的评价，实现"能者上、平者让、差者下"的良性竞争局面，以此促进辅导员队伍的良性发展。再次，建立健全辅导员学习机制。要采取各种有力措施保证和促进辅导员的学习，主要包括思想政治教育学习、教育学、管理学、心理学、社会学、时事政策以及就业指导方面的理论知识的学习，从而增强学生教育管理的理论水平。最后，建立健全辅导员队伍发展机制。高校要构建一支专业化、职业化队伍，就必须建立健全辅导员队伍的发展机制，为辅导员的长远发展做出规划。要根据辅导员的工作实绩进行换岗分流，把专职辅导员队伍作为党政后备干部培养和选拔的重要来源，同时也可将专业理论知识基础好的辅导员向教学、科研工作岗位转变；对于长期从事学生工作的辅导员，要解决好行政职级聘任和专业技术职务聘任等问题，使其能够安心将学生工作作为一项事业来做。

第六章　大数据环境下高等教育的信息化建设

第一节　大数据概述

一、大数据的定义

大数据这个概念是由最先经历信息爆炸的学科，如天文学和基因学创造出来的。如今这个概念已经应用到了人类致力发展的领域中。

最初，这个概念是指需要处理的信息量过大，已经超出一般电脑在处理数据时所能使用的内存量，因此，工程师们必须改进处理数据的工具。

在数据分析领域，大数据是前沿技术，大数据以及数据仓库、数据分析、数据安全、数据挖掘是 IT 行业时下最火爆的词汇，大数据的商业价值已经成为信息行业争相追逐的焦点。大数据包括各种互联网信息，更包括各种交通工具、生产设备、工业器材上的传感器，随时随地进行测量，不间断地传递着海量的信息数据。利用新处理模式，大数据具有更强的决策力和洞察力，能够优化流程，实现高增长率，处理海量的多样化信息资产。归根结底，大数据技术可以快速处理不同种类的数据，从中获得有价值的信息，并快速处理。只有快速，才能发挥实际作用。

随着网络、传感器和服务器等硬件设施全面发展，大数据技术促使众多企业融合自身需求，创造出难以想象的经济效益，实现巨大的社会价值和商业价值。各行各业利用大数据产生极大增值和效益，表现出前所未有的社会能力，而绝不只是数据本身。所以，大数据可以定义为在合理时间内采集、处理大规模资料，帮助使用者更有效决策的社会过程。

在今天，大数据被认为是一种人们在大规模数据的基础上可以做到的事情。

大数据是人们获得新的认知、创造新的价值的源泉，大数据还为改变各种关系服务。

二、大数据的特征

(一)体量巨大，种类繁多

互联网搜索技术的进步、电商平台的全面覆盖以及社交平台的快速兴起，促进了多元化数据的产生，而且这些数据在未来甚至会呈指数增长。互联网、存储等计算机科学领域正在迅猛进步，人们从多元化领域获得的数据资料成倍增加，搜集海量数据的根源是网络数据能够同步实时收集，医疗领域的数据资料与科研领域的研究数据都会成倍增加。随着数据种类不断增多，如视频图片等信息增速的扩大，挖掘多元形式数据流间的关系成了大数据最为显著的优势。例如，对供水系统数据和交通状况的数据资料进行关联分析，得到清晨洗浴与早高峰时间存在着密切关联的结论；将堵车地点时间的数据资料和电网运行的数据资料进行分析，得到的结论是睡眠质量与交通事故的发生率存在内部关联。

(二)开放公开，容易获得

人们之所以重视收集大数据，主要目的是要开展数据分析。大数据并非只是在政府、企业等组织机构当中存在，还存在于社会生产、生活之中，具备自动性的特征。如，电信企业累积客户的电话记录，电商网站整合消费者信息，企业通过对大数据进行充分的分析与挖掘，能够全面提高企业的综合实力，优化企业运营，提升企业决策准确度，推动商业智能的长效发展，为企业经济效益最大化目标的实现创造良好条件。在一定规则开放性的背景之下，借助应用程序接口与爬虫采集等技术手段，大量企业组织与政府部门能够为社会各界以及科研等机构提供海量数据资源。公开且容易获取数据源，是大数据时代的基本特点，因此对整个社会产生巨大影响。

(三)重视社会预测

从本质上进行分析预测，是大数据特点的体现。在大数据背景下，预见行业未来前景的能力，成了企业不懈追求的目标。对大数据手段的应用能够预先分析受众情况，了解他们青睐的节目类型。人们越来越重视大数据在预知社会多元问题方面的作用，同时也开始将其广泛推广应用到社会科学领域。

（四）重视发现而非实证

实证研究特别关注构建理论假设，设定范围，并进行随机抽样，展开数据的定量调查与收集，从而证伪或证实理论假设。连续线性决策需要缜密的逻辑思维。大数据把关注点放在了数据方面，强调对数据的运用，创造知识，预测未来，挖掘本质，发现机遇。要实现对未来前景的预测，主要借助自下而上数据收集处理的方法，而不是依靠以理论假设为根基发现知识，预知未来，探寻规律。

（五）非结构化数据的涌现

数据挖掘关注的是未知有效信息与实用性强的知识，更多的属于非结构化数据，这是大数据时代非常突出的一个特点。如今90%甚至以上的数据均属于非结构化数据。社交媒体会随时产生无数数据文本，造成大量具有价值的数据资料被隐藏在了信息海洋当中。大数据技术从海量文本资料当中挖掘信息，获知人们的态度与行为的相关信息，呼应舆情监测的社会需要与企业商机。在对大量非结构化数据进行收集处理和分析时，社会出现了大量新需要，技术领域产生了极大的变革，同时也让很多非关系型数据库得到发展，大量计算机新技术持续不断地产生。大数据涵盖数据挖掘、网络挖掘、文本挖掘、IT 和商业智能信息技术、决策支持系统及其在社会科学领域的应用。

第二节　高等教育管理中大数据的应用

一、高校课程管理的大数据应用

高校课程设置关系到大学生的成才和社会的发展，是实现教育教学目标的关键所在。当前我国高校课程设置存在诸多问题，如忽略学生的个性化发展需求、课程内容落后于时代、课程内容不实用、课程结构死板、考核方式单一等。大数据可以挖掘数据价值、发现关联关系、预测事物发展规律，具有规模性、多样性、高速性、价值性和真实性。因此，在高校课程设置中充分利用大数据分析，充分认识到学生的个体差异，对社会的需要和发展进行正确的分析和预测，并能因"势"利导，按"需"育才，优化教学内容，提高教学科学性和合理性，提高学生综合素质，培育更多个性化人才，以"育人"为中心，促进社会的健康发展。

(一) 利用大数据优化高校课程设置的可行性分析

我国部分高校因受到传统观念和思想的影响，在其设置课程内容时轻视了科学性的重要性。与此同时，由于技术、设备、社会环境等各种原因，获得课程内容设置所需要的全面参考数据以及对数据进行深入分析来获取数据价值，对于众多高校来说是一件难事。然而，当今已步入大数据时代，大数据技术的高速发展和大数据思维的渗透给了高校优化课程设置全新的机会。

1. 大数据为高校提供优化课程设置的参考信息

做出最优决策的一个重要先决条件就是决策者知晓与组织活动相关全部信息。因此，高校在课程设置时要尽可能获得更多的相关信息，这是使课程设置更加科学合理的重要前提。以往在设置传统课程内容时，因渠道少，高校难以收集数据，收集到的数据量也不高，其课程设置主要以国家中长期教育发展规划、国家教育法律法规、高校人才培养方案和重点大学课程设置方案为参考，有关学生本身和社会发展的相关数据难以获取，在一定程度上对高校课程设置的科学性造成了不利影响。而大数据时代的到来以及开放的互联网为高校收集数据信息带来了新契机。如今高校可以通过线上线下等多种方式及时获取学生的各种数据，包括兴趣爱好、性格能力，甚至是各行各业、各种领域的宏观、微观数据。数据来源广泛，形式和内容丰富多彩，信息实时更新，高校课程设计便以此为参考。将大数据作为高校课程设置的重要数据支撑，对于高校课程设置科学性的提高有积极影响。

2. 大数据推动高校课程设置思维变革

维克托·迈尔-舍恩伯格在《大数据时代：生活、工作与思维的大变革》一书中指出："大数据时代最大的思维转变就是，放弃追求事物的因果关系，转而关注事物的相关关系，即人们只需知道'是什么'即可，而不用知道'为什么'。"这一思维给高校课程设置也带来了新的思考，高校因此在设置课程时除了关注课程本身及课程设置原因之外，也开始关注学生个体之间、课程学习内容与学生能力提升之间、课程与外部环境之间的关系，对学生学习兴趣和习惯进行了解和把握，对社会发展趋势进行预测，以使课程目标个性化、课程结构更具差异性与科学性、课程内容更加实用和具备时代特征。

3. 大数据促进高校课程设置技术手段的创新

高校在设置课程时，要想在复杂且巨量的众多信息中寻找到有价值的信息并以此为根据作出科学决策，利用大数据技术是最优之选。大数据对高校课程设置的技术创新推进有以下两方面的主要体现：一方面是设计数据的存储与管理。高校难以使用复杂的传统关系型数据库对数据进行存储和管理，而所有结构化或非结构化的数据都可以加载到大数据分析平台 Ethink 内嵌的 hadoop、spark 信息库中，从而实现对以"PB"为单位的巨量数据的存储和管理。另一方面是对数据价值的挖掘。利用大数据技术，高校可以使用界面流程式的设计平台，通过可视化分析、数据挖掘算法、预测性分析、语义引擎和数据质量管理等技术对巨量数据进行快速分析和处理，将大量的计算指标和丰富图形提供给高校，帮助高校做出更科学和准确的课程设置决策。

(二)大数据背景下高校课程设置优化的实现路径

1. 制定个性化培养方案，实现课程目标与学生个性的深度融合

马克思指出，只有"个性充分发展，人的社会化程度提高，才能逐步实现自己的自主性、自觉性和创造性，积极发挥自身的潜能，在社会中展示自己，实现自己个性的全面发展"。[①] 因此，制定个性化的培养方案，是提升学生学习兴趣、提高学生综合能力、实现学生全面发展的主要方式。大数据背景下，高校应充分认识到大数据的重要性和价值性，重视收集与学生相关的各种信息，通过数据分

---

① 季诚钧. 大学课程概论 [M]. 上海：上海教育出版社，2007.

析掌握每个学生的个体差异，并据此制订个性化的教学方案。一方面，高校应尊重大学生的主体地位，在课程内容设置过程中更加尊重学生的意愿、更加注重学生的话语权、鼓励学生积极参与课程内容建设。另一方面，高校应积极搭建大数据平台，并通过大数据技术，对数据资源进行分析，充分挖掘数据价值，以设置更科学、更合理、更符合学生实际情况的课程内容。如搭建在线学习平台，随时记录学生的学习行为，利用系统后台根据不断更新的行为数据分析学生的优缺点、学习习惯、思维习惯等，并根据学生的学习情况不断调整学习内容和重点。

2. 提高课程结构的多元性，实现课程结构与专业培养目标的完美贴合

"学科是什么？它们彼此之间是如何联系的？"这是高校课程结构设置中必然会遇到的问题。因此，应该有一个尽可能把更多知识类型纳入其中的兼容性框架体系，这个框架体系就是知识地图。知识地图将各种知识整合起来，根据使用者的层级及关联性告诉使用者知识所在的位置，为使用者提供所需的知识。大数据背景下，高校可充分利用大数据平台，构建知识地图，尽可能全面地收集各学科知识；并利用大数据技术，分析学科与学科之间、课程与课程之间的相关关系，根据每个专业、每个学生群体的实际情况进行课程安排、确定课程进度，为每个专业量身打造课程结构，以实现各专业课程结构的差异化，提高课程结构对不同专业的适应性，从而实现课程结构与专业培养目标的完美贴合，达到优化课程设置的目的。

3. 完善课程考核方式，实现考核结论与学生实际能力的高度吻合

完善的课程考核体系能够帮助高校有效地执行培养计划，实现培养目标。大数据背景下，完善高校课程考核体系可从以下两个方面着手：一是转变考核形式，从"静态考核"走向"动态考核"。高校可充分利用大数据、云计算等前沿技术，更新、完善教务系统，拓展学生学习的时间和空间，对学生的学习数据，如学习次数、学习时长、作业完成时长、正确率等进行全面、实时、连续的记录，通过数据分析掌握学生的学习态度、学习习惯、学习能力、知识掌握程度等，综合各种指标对学生进行更加全面、更加准确的考核；而不再单纯地以上课是否迟到、是否缺勤、是否积极回答问题、是否按时完成作业为衡量指标，也不再单纯地以"30%的平时成绩+70%的期末成绩=本门课程的综合成绩"为固定

的考核方式。二是增加考核主体，从单一主体考核走向多元主体考核。现阶段的考核评价多以任课教师为主，无法全面参考课程各参与方的意见。大数据背景下，对学生的考核方式可参考"360 度考核法"，通过收集分析学生本人、其他同学、任课老师及第三方机构对学生的思想素质、理论知识、综合能力等的评价，利用大数据技术进行统计分析，对学生进行全面考核，得到更客观、更全面、更准确的考核结论。通过完善的考核体系，分析学生的实际能力，从而发现课程设置中存在的缺陷与不足，并及时纠偏、及时控制，达到优化课程设置的目的。

二、高校学生培养模式的大数据应用

(一)大数据应用下高校学生培养现有系统分析

目前，我国高校多采用各类不同的系统对学生进行管理，各系统的归属端口不同，数据共享程度低，常常出现重复录入数据或数据缺失的情况。下面本文将简单梳理高校可能使用的学生管理系统。

1. 教务系统

教务系统主要承担着与教学课程相关的学生管理工作，包含学生所处专业、年级、班级等基本信息，以及学生选课、学生课程表及期末课程成绩信息，具有毕业答辩申请、奖助学金申请等功能。其中，奖助学金申请在学年之初最易受到大学生的关注，特别是贫困生人群。奖学金有明确的成绩要求，依据的是年度成绩排名，通常不会引起争议，但贫困生的数据收集往往是不充分的。学生仅需提供生源所在地的贫困证明和自说明材料，由于各地对贫困证明的要求不统一、对自说明材料的真实性难以判断等，材料无法真实有效地反映学生的实际情况。单纯依靠教务系统提供的信息可能导致不公平情况的出现。

2. 学生工作系统

学生工作系统是主要为学生服务的，方便学生日常学习和生活的系统。它的功能有很多，像收集学生基本信息：请假、外宿申请等。在学生工作系统的使用过程中，常常由于现实的实际情况，一些功能不能得到很好的利用。比如不同专业、不同年级的大学生的学习课程比较分散，请假理由往往也毫不相同，根本无法统一，或者有一些教师对此考勤不严等。因此，相比其他功能，学生工作系统的请假申请的功能使用的效率比较低。

3. 一卡通系统

在学校很多地方都需要用到卡，但是各种卡聚集在一起就会比较乱，也不方便携带。因此，学校开发出一卡通系统，无论是吃饭、打水、洗澡、借书都只需要一张卡就可以通用。实际上，一卡通还是一个手机动态信息流的系统。通过一卡通可以分析出学生在校园中生活的行为模式。目前，主要是后勤部门在负责一卡通系统的管理与数据收集工作，学校还是将其作为校园生活的辅助用品，对于收集到的信息并未引起他们足够的重视。

4. 招生就业系统

相比其他日常使用的系统，招生就业系统的使用周期比较短，仅仅在最后一学年才会得到集中使用。一般情况下，招生就业系统由招生就业处管理，其主要功能是收集学生的生源信息以及就业信息。通过收集来的信息，学校可以改良培养目标和培养方案，还可以为人才培养效果的评估作出数据支持。学生要通过招生就业系统确认自己的就业相关信息以及档案的归属地点。

5. 考勤系统

考勤系统，顾名思义，就是辅助教师课堂上的考勤和宿舍中的查寝。目前，很多学校都采用了考勤系统。考勤系统采用的技术主要分为两类，一类是打卡，另一类是人像识别，这两种方法各有其优缺点。打卡机的优点是便于普及推广，设备的成本也比较低，学生现有的学生证或者一卡通就可以进行打卡；缺点是一卡通不够智能，会出现一人多次打卡的行为。与打卡机相比，人像识别系统比较智能，识别准确度也比较高，能够有效避免多次考勤行为的出现，但是它的缺点也是不容忽视的，它的设备成本相对比较高，由于目前技术尚不稳定，在打卡考勤时并不十分可靠，而且识别速度比较慢，难以实现考勤高峰期时的识别要求。

主动或被动收集到的学生信息是各系统的数据基础。作为基层学生工作者，如辅导员，有查询和操作学生教务系统、学生工作系统和招生就业系统的权限，但无法接触到学生一卡通系统的数据，只能获得少量学生图书馆使用情况的数据。家长作为学生培养过程中重要的利益相关者，没有与整个系统建立紧密的联系，仅能获得来自辅导员的信息（如延期毕业、不及格过多、缺勤严重等）和来自子女的信息。用人单位作为另一利益相关者，能够获得的学生在校情况主要来自学生提供的简历和三方协议等与招生就业处的互保机制。用人单位无法真正在选人过程中了解学生的各种能力或其他个性特征。高校各部门间并没有形成有效的数据分享机制，各部门有自己的数据库，按照自己收集的数据进行决策。不仅决策数据不充分，还会导致学校层面的决策冲突、信息不闭合的情况。

总之，现有的学生管理系统面临四个方面的问题：一是信息重复录入。教务系统、学生工作系统、招生就业系统等都需要学生录入个人基本信息，导致信息的重复收集，不仅造成学生的使用不便还会产生大量冗余数据。二是信息孤岛。考勤系统、一卡通系统与教务系统或学生工作系统间缺少信息共享。现有的数据分析都是针对特定系统，造成许多规定流于形式。比如，通常学校规定每学期缺勤次数超过阈值，该生该课程成绩就为不及格。但实际上，教务系统并未提示教师由于缺勤较多无法录入成绩的情况。三是数据格式不统一。这增加了数据收集、筛选的难度，阻碍了数据整合分析。四是考核周期过长，对学生的管理和危机处置属于事后管理。现有系统的反馈周期少则一学期多则一学年甚至更长时间，辅导员、学生、家长获得反馈的时候已经难以改变事实，只能在之后若干学期分阶段弥补。如学生因跟不上进度，一学期出现多门课程不及格，学生只能在下一学期的开学时间参加补考，并在之后学期中继续重修课程，以修满学分。事后反馈和管理是一种滞后的表现，会对学生之后的学习和生活产生比较严重的影响。

（二）大数据学生管理系统的模型构建

学生管理系统可以输出学生在校期间的信息，只有能够将学生的各种数据流进行分析归类的学生管理系统，才是一个有效的学生管理系统。根据生命周期理论，可以将大学生涯划分为四部分，即萌芽期、发展期、成熟期和消散期。这四个时期与大学的学年间隔基本上是一致的，在不同的发展阶段，学生输出的是不同的信息。

在这个生命周期内，数据流一般可以分为三类，即按时点流向学生的数据、按时点学生产出的数据和全周期的学生数据流。在不同的阶段，按时点流向学生的数据是不同的，这些数据也表现出不同的特征。在萌芽期，学生接收到的是专业设置、基础课程安排以及心理健康辅导等信息，帮助学生更好地适应大学生活；在发展期和成熟期，学生接收到的信息基本相同，主要是有关课程安排、实践活动安排等；在消散期，少部分学生还在上课，大部分学生已经开始准备实习相关的工作了，还有一部分学生在备考，准备冲击更高学府，这时学生们输入的信息大多是毕业指导、就业指导等，以帮助学生更好地完成从毕业到就业的衔接。按时点流出的数据一般在期末产生，在萌芽期、发展期和成熟期的输出数据的信息是一致的，主要是对于前期的反馈结果，在消散期输出数据的主要信息是学生是否能够毕业以及其毕业后的流向。这些流入流出的数据信息是管理学生的主要依据，从数据流入到结果产出常常花费很长的周期，而且在这个周期内，反馈很少。通过引入大数据对这些数据流进行分析，可以获得三条在整个周期内一直贯穿始终的信息流。即校园生活数据、社会活动数据与流媒体数据。将这三条数据与学业数据相互结合，能够更加全面地刻画学生的能力和特点，为他们提供更加合适的个性化培养方案，同时在消散期为学生提供更加适合他们的职业建议，等等。在对学生培养过程中，既会产生结果数据，也会产生过程数据。

有效的学生管理系统应该是全过程管理的系统，不仅有事后的处置，更重要的是有事前干预与事中控制，以降低不良结果产生的概率。大数据技术的产生和应用为大学生培养的过程控制提供了可能性。可以将现有系统整合成为新的学生管理系统：基础数据收集分析系统、学术表现管理系统、奖助学金评选系统、日常表现反馈系统。

1. 基础数据收集分析系统

基础数据收集分析系统主要功能就是收集学生的各种信息，像学生的姓名、班级、学号、家庭状况等。这些数据信息对各个系统开放，在收集数据信息之后将这些数据信息传送到所需要的其他系统中。基础数据收集分析系统可以实现数据的一次性收集和更新，同时还允许学生对信息进行更新，它还能够判断收集信息的真实性。

2. 学术表现管理系统

该系统是大学生培养过程管理的重要组成部分，需要对一卡通系统数据、考勤系统数据和教务系统数据进行协同分析。通过对一卡通系统数据的分析能够了解学生的学习、生活行为模式，结合课堂考勤情况和期末课程成绩的分析，可以得到学生在校行为模式与学术表现的预测模型。运用预测模型分析学生的一卡通使用状况和考勤状况，能够较为准确地预测学生的未来表现。当学生旷课频率接近阈值或者生活模式偏离正态分布时，该系统会向辅导员发出预警，使辅导员能够及时与学生和家长沟通，了解学生近期学习、生活的困惑，帮助学生改善学习状态、减少"挂科"率。

通过使用这个系统，将线上教学与教师的课堂教学相结合，有利于学生更好地进行学习，同时有利于教师对教学过程进行监督。通过运用移动互联网，在课前学生可以通过在线教育完成课程的预习工作，还可以上网查询解决一些不理解的问题，完成教师课前预留的思考题。在线教育平台也可以获取到学生的一些信息，其中包括个人信息以及学习信息，通过对学生的学习时间、学习频率、快进时间段等信息进行记录并分析，可以了解学生的学习状况。这些经过准确分析之后的结论被传送到教师那里，他们就可以更加了解学生的学习情况，能够了解不同学生学习的特点，同时也有助于他们改善自己的授课方式以及授课内容，因材施教，对于不同的学生实现个性化教学。多样化的课堂教学方式有助于提高学生的学习积极性。在课堂上的环节包括讲课和随堂测验，对学生进行随堂测验，可以随时对学生的知识掌握情况进行了解，判断学生的学习状况是否能正常跟上，有助于教师明确认知，判断自己的课程设计是否合理，改进教学方式。在课后一般有两个内容，即对学生留作业和进行课后指导，帮助学生加深印象，增进理解。

3. 奖助学金评选系统

在大学阶段，学生是有奖学金和助学金的。其中奖学金主要是根据学生的学习情况进行评选，而助学金主要是根据学生的家庭情况以及一卡通消费数据等进行评选。对于学生来说，这个评选的结果可以看作是阶段性反馈的重要指标。学生的奖助学金评选系统，要体现公平性的原则。要针对学生的考勤数据、生活行为数据以及各类活动参加数据等来评选出最适合的学生。另外，这个系统还能够帮助学生全面发展自己，实现全面培养的目标。根据不同的培养目标以及人才特征，向考核指标中加入有关的关键指标，通过对不同学生的志愿者活动情况、获奖情况等等全方面进行分析，对学生进行个性化培养。

4. 日常表现反馈系统

该系统建立在对动态数据流的分析上。首先通过对收集到的一卡通系统数据分析，形成一个学生校园生活模式的模型，包含合理的用餐时间、进出图书馆的频率等。实际运行过程中，除了一卡通的动态数据流，还需加入学生考勤的数据流，分析学生缺勤与异常生活行为的关系。可能出现三种情况：第一种，学生只是作息无规律或不在学校生活但按时上下课；第二种，学生作息无规律或不在学校生活且上课缺勤；第三种，学生作息正常但上课缺勤。系统将此异常结果反馈给辅导员或者家长，并结合该生已有的成绩表现和相关教师、其他学生对其的评价、校园网络使用情况等，可以判断该生是突然发生的行为转变还是持续的行为偏离。及时将信息反馈给学生、家长和辅导员，可以帮助学生修正不良行为。

基础信息收集分析系统是培养、管理学生的基础，其主要职能是信息收集。学术表现管理系统是过程管理的重要环节，是缩短反馈周期的关键步骤。奖助学金评选系统一方面是对学生学术行为表现的正反馈，另一方面也是促进学生全面发展的途径。直接的外部动机可以促使学生更加主动地参加专业竞赛、双创活动等，全面提高自己的能力。日常表现反馈系统则大大缩短了异常信息的反馈周期，便于及时有效地干预学生异常行为。

(三) 高校学生培养模式的对策及建议

1. 多元化学生数据类型

现阶段的学生在校数据由不同的部门按各自需求分别收集，样本数量相对较小，数据收集周期相对较长，如课程成绩数据按学期产生，奖助学金评选数据按年产生，数据收集周期长，反馈慢。数据类型多以表格的形式出现，没有收集音频、视频和图像、在线数据等，使得数据间相互印证效果差。例如在混合教学模式下，评估教学效果时无法确认学生成绩与传统课堂讲授间的相关关系。基于现有公共空间的监控设备，运用人像识别技术，能更好地分析学生课堂行为模式与其学术表现的关系。

2. 外包系统设计

目前高校主要采取自行设计系统和定制系统两种方式，各部门自行决策，部门间协调性差。大数据平台的设计需要各部门提供可互通信息的系统。依靠部门或者教师自行设计难度高、工期长，将系统设计外包给专业的大数据平台设计公司能够在实现定制化的基础上缩短工期，有助于平台改革的实施。

3. 开发学生表现预测系统

现有系统提供的基本是事后数据，而拥有大数据便意味着获得持续的、更具时效性的数据流。这样的数据流有助于形成动态的预测模型，通过对学生校园生活、课堂表现、成绩等数据的分析，预测学生短期和长期的在校表现情况，并可以通过更为全面的信息分析确定不同学生的能力分布情况，有助于帮助学生更好地进行职业生涯规划和设定进一步发展方向。这一系统成熟之后不仅可以用于高校人才培养管理过程，还可以采取有偿服务的形式提供给有需求的学生家长或用人单位等。

三、高校学生管理工作的大数据应用

(一)高校录取机制中大数据的应用

1. 大数据背景下完善高校录取机制的重要性和可行性分析

（1）有利于实现个性化

利用大数据建立多元化考核评价体系，在一定程度上可以客观评价学生的综合素质和个性特长。分数只是一个衡量和评价学生学习能力的基本标准，将学生的综合素质和艺术特长纳入评价，不仅有利于高校对考生综合素质的评价，还有利于考生特质的展现及个性特长的发挥。大数据在前期可以划分学生群体，识别其早期需求。大数据可以通过辨识学生在择校早期出现的需求和问题并及时提供建议。大数据可以辨别学生的群体，识别和分析这些群体的能力，能够更好地帮助学生了解学校。同时，大数据也能够让学校更好地了解学生群体，更精细化地对其分类，发现他们各自独特的需求，从而实现个性化教育。

（2）有利于提高研究生的入学率

大数据能够给学生带来极大的便利。学生通过大数据网络平台，了解学校的教育资源、教学设施、师资力量，以及该校学科的专业性，依据个人的爱好来选择高校；再利用已建立的个人评估信息，运用大数据和系统分析方法进行匹配，分析选择哪个学校较为合适，进该校的概率是多少。运用数字化技术，学生能更准确地选择适合自己的高校。从学校层面分析，高校可以通过大数据挖掘学生潜力，提高生源质量，同时能够有针对性地培养专业性人才。

（3）有利于考生的平等

通常说考研其实是一个信息战，对于众多考研的学生来说可获得的信息不全面、不准确。高校在招生中采用大数据录取，在一定程度上体现了高等教育机会公平，同时使不同个性特点的学生能接受适合自己的高等教育。利用大数据技术，能够对分数之外的差异做比较，打破将分数作为录取的唯一标准的模式，能够全面地关注素质教育所推崇的观念、兴趣、情感和发展过程等个性化因素。大数据将这些因素作为可以量化的指标，在同一群体中进行对比，在一定程度上体现了公平性。

（4）有利于推进录取方式多样化

要推进录取方式多样化，就需要构建一个评价标准多元化、科目组合多样化的评价体系。相对单一评价体系来说，多元化评价体系比较自由，但是正是由于它比较自由，其缺点也十分明显，在评价时个人主观性比较强，而且本身标准不一等。为了避免这些弊端，在评价时就需要进行大量数据的整合与分析，对招生比例做一个科学合理的限定，以便于录取更多全方位人才，同时还要兼顾民众的态度。在某一方面表现比较优秀或者具有明显发展潜质的人，都有可能成为被录取的对象。

2. 大数据背景下完善高校录取机制的路径思考

（1）树立大数据理念

大数据时代推进研究生录取工作的发展和创新，首先需要正视大数据时代已经到来的现实，各高校应树立发展与创新意识，强化对数据的敏感性，创新研究生录取工作。数据管理人员应提升自身数据管理的素养与能力，利用大数据平台，发掘数据的潜在价值，提高数据的利用效率，充分满足学生的需求，同时也能够为学校挖掘潜在优质的学生，给学校的录取工作带来便利。

（2）提升学生与学校和专业的匹配度

在选择学校时，学生一定要注意考察学校和专业，只有深度了解它们，才能明确自己是否适合这个学校和专业。一方面，学生要了解自己，对自己做一个简单的自我评估，包括客观指标和主观指标。其中客观指标包括自己的成绩、参与竞赛、获奖项目等等，主观指标是指心态、个人能力、兴趣爱好等。将这些主观指标与客观指标聚集在一起，构成学生的个人学术机构资料库。另一方面，为了了解与学校和专业的匹配度，应该要定期收集各高校、专业以及导师的资料，其中包括高校招生专业的要求、导师的研究方向与成果等资料，根据这些信息形成一个数据源，对反馈的数据进行分析，找到其中特殊的指标，然后形成一个分析策略，处理大数据，提高学生与学校的匹配度。

（3）完善数据库共享平台

在对学生的信息进行收集之后，要将这些信息集合起来建立一个数据库，然后将学生的信息与各高校的信息相互对应起来，这样有助于学生找到适合的院校，也有助于学校选择录取合适的学生。通过这个可量化的数据库——学校与学生的一致性，将这个整体的过程建立起来，有助于双方的双向选择。这项应用程序一方面能够帮助学校针对学生的兴趣定制培养方案，选择合适的有潜力的人才；另一方面还可以帮助学生继续深造自己感兴趣的课程。在对双方进行数据采集的过程中，可以将数据分析和共享平台建立起来。这个平台的主要模块包括学生端和高校端，根据现实中的实际情况不断地进行数据的实时更新。另外，它还包括一个信息追踪反馈机制，利用这个机制可以将学生或者学校的各种信息和成果做成报表，有利于其进行自我评估。

（4）完善规章制度

健全的规章制度能够有效地推动研究生录取工作的运行。在飞速发展的信息化时代，大数据给人们带来便利的同时，人们的隐私也面临着被暴露的风险。从个人层面而言，我们应将道德规范和制度标准作为第一位准则。高校在大数据采用的过程中应始终把学生数据的安全放在第一位，任何有关深层次数据的挖掘和个人数据的使用，以及在高等教育与招生管理方面对大数据的使用，都应严格遵守法律法规，不侵犯学生的隐私。在法律法规方面，相关部门需要推动有关法律和条例的建设，健全对数据的监管和保密的措施，加强对数据安全的防控，构建起相关方的责任承担机制。

（5）构建合理的录取机制

完善的大数据系统需要构建"执行—预警—反馈—调整"信息统计分析管理系统。该系统对各个高校的招生信息、学生信息进行收集，及时进行信息的统计分析，对高校端与学生端互相匹配中出现的特殊状况进行及时反馈。管理者需对特殊状况产生的原因进行探讨，对有可能产生影响的情况进行及时合理的调控。

（二）高校贫困生精准识别中的大数据应用

大数据应用于高校精准识别，是精准扶贫思想精髓在高校的实践与发展，对于提高高校资助贫困生的准确度有一定的实践意义。

1. 大数据时代实现大学贫困生精准识别的意义

1994 年，我国正式接入国际互联网，随着社会发展和科技进步，互联网被广泛应用到社会的各个领域，管理信息化逐渐成为各社会组织、团体追求的目标。同时，全国各高校信息化建设在 20 世纪 80 年代出现高潮，这时期的建设主要以校园网络和分散独立的管理信息系统为主。进入 21 世纪，高校以数字化校园为主题的建设得到快速发展，使高校信息化整体水平得到了一个质的提高。近年来，随着云计算、物联网、移动互联、移动智能终端等信息技术的普及，传统意义上的数字校园建设出现新的变化，建设"智慧"校园不再是理念口号，已经成为许多高校新的建设目标和行动指南，校园大数据环境已初步形成。以统一、多功能为特点的"校园一卡通"管理系统以及其他记录系统已遍布校园各个角落，可以说大学生的学习生活基本处在信息化、网络化的环境中，其个人家庭基本信息、校园消费明细、习惯爱好、学习成绩、奖助情况等都能被上述先进系统所收录、储存并数字化。这些海量数据真实、客观、全面地反映了大学生在校期间的行为轨迹，很多大学已具备运用大数据实施精准识别的基本条件。

目前，大数据应用的范围十分广泛，不仅用于学校系统的信息管理，还应用到精准扶贫领域。首先对贫困区域人口的信息进行收集，然后建构出精准扶贫大数据平台，对贫困人口进行梳理分析，"精准"识别贫困人口，为之定制切实可行的帮扶对策。高校贫困生的精准识别与精准扶贫有很多相似的地方。目前，很多高校在贫困生识别方面都是由大学生自行申报填写信息来进行争取名额的。对于学校来说，这种方式难以核实信息真假，而且也无法实现经济状况的动态变化，精确度比较低。然而，随着技术的发展，大数据技术使高校贫困生的精准识别成为可能。高校可以构建一个大数据平台，通过这个平台实时收集大学生的相关日常行为以及经济活动信息，对这些行为及信息进行分析处理，通过各种计算，最终得到贫困学生的行为特征，然后对其进行定性评判，从而提高贫困生资助识别的"精准度"。这样，贫困生资助工作人员就可以实时动态监测被资助学生的行为，从而对其行为进行跟踪判断，对学生的贫困生资助识别提供参考。

2. 大数据视域下大学贫困生精准识别的路径建构

要做到对大学贫困生的精准识别，就需要运用到大数据技术。利用大数据技术实时跟踪贫困大学生在资助前、资助中、资助后最直接现实的生活状态，为贫困生认定提供量化指标，能提高资助的"精准度"，也是解决上述不足的关键。

（1）资助前，实现与政府相关部门数据对接

要达到"精准"识别，最重要的是掌握信息。高校大学生普遍来自全国各地，要精准掌握他们的信息，实属不易。因此，要推进全国学生资助管理系统与各类社会保障部门的信息系统对接和共享，这样才能提高对大学贫困生的精准识别，为高校学生资助工作提供了技术保障。《国家中长期教育改革和发展规划纲要（2010—2020 年）》中，学生资助中期评估报告指出：要实现资助的信息化管理，完善学生的资助信息化构建，由学前教育到研究生阶段，全面覆盖学生的发展历程，加快构建全国学生资助管理系统，这为高校学生资助工作的精准识别提供了政策保障。在大学阶段，每个学生进入学校之后就要将个人的信息、家庭情况、收入水平以及动态变化等录入大数据系统中。然后学校可与学生所在地政府建立合作，由当地政府上传学生的家庭情况等信息，然后学校可获取相关信息并进行核实。这样，通过双方的信息交流，在学生贫困认定过程中，学校可以防止弄虚作假的情况发生，提高贫困生的精准识别。

（2）资助中，建立科学有效的指标体系及识别标准

在贫困认定过程中，工作人员还可以以往年的贫困生数据作为参考，通过分析往年贫困生的某些数据，筛选出贫困生识别的主要指标。其中，这些主要指标大致有生源地贷款、校园消费明细、家庭经济收入、学习成绩、奖助情况、图书馆资料借阅次数和时间等。然后，根据这些数据的来源对其进行分类，把由学生自己提供的相关部门证明数据作为静态信息，如是否办理生源地贷款、是否为单

亲家庭、是否为低保户、是否为残疾人口家庭等，这类信息在大学生就读期间一般不会变化；再把由学生持有的"校园一卡通"以及相关记录系统记录较为分散的、非结构化的数据转化为动态信息，如校园消费明细、学习成绩、图书馆资料借阅次数、奖助情况等，这类信息在大学生就读期间一般随着其行为变化而变化。接着，运用大数据技术将贫困生各项数据划分为重要指标与普通指标，细化各项指标数据并以轻重程度予以赋值，建立全校贫困生识别指标体系。

根据学生自己提供的相关部门证明信息与其校内行为信息，对其是否贫困进行识别判断，即将静态信息与动态信息相结合，共同作为一个判断标准，比较准确、客观。学校的各种管理系统中记录着学生大量的日常学习与生活数据，像教学记录系统、图书借阅记录系统、"校园一卡通"等。尤其是"校园一卡通"，其记录的学生用餐情况十分具有参考价值，在学生的用餐消费行为中能够体现出学生的生活水平以及贫困程度。通过对这些资助学生的用餐消费数据进行分析，可以进行数据建模，将学生在学校的消费行为设为关键值，重点关注，然后针对消费的额度、频率和结构对学生的经济状况进行排序，从而实现对贫困生的精准识别。以贫困生指标体系作为依据，利用大数据技术对贫困生的一般指标与重要指标进行打分，从而确定其贫困的级别，避免由于贫困标准不明确出现不民主现象。

（3）资助后，利用大数据实现对贫困生认定工作的动态监督

在对贫困生进行资助之后，不能就此结束，还要对学生持续进行跟踪监管。学校要利用大数据技术，采用网上与网下相互结合的方式，充分发挥对学生的监督作用。

针对网上监管工作，学校要将贫困生名单进行公示，并在微信、微博官方网站等公众平台设置举报信箱，表示接受第三方的反馈与监督。当有人举报时，学校要针对具体情况开展调查，如果认定确实存在问题，学校可以召回资助金，或者降低或者取消该学生之前认证的贫困等级。

针对网下监管工作，其主要由学校、老师、学生进行监督，当发现该学生存在弄虚作假现象时，学校要立即取消该学生的受资助资格，并将其记入失信档案，对学生的生涯全过程进行动态监管。在对学生进行跟踪监管过程中，如果某些学生家庭情况发生了变化，无论是由非贫困转变为贫困，还是由贫困转变为非贫困，系统都要及时做出反馈预警，学校要及时调整资助对象。

第三节 高等教育管理的信息化

一、树立人工智能时代教育管理发展理念

我们当前所处的信息时代已经不是以往所说的信息时代了，这个新的信息时代已经成为"云""网""数"的时代，这个时代最需要的不是数据和信息，也不是云计算技术、大数据技术，而是数据化的思维和理念。这个时代的高校教育管理信息化的发展不再简单地依靠信息化的基础设施或者众多的信息技术，而是取决于资源的扩展、数据的应用以及新的思维与理念的形成。因此，树立开放共享、跨界合作的理念是各高校教育管理信息化转型的前提。

(一) 共享理念

互联网是高校教育管理信息化建设的基本保障，其作用主要有两个：一是连接作用，连接教师与学生、连接人与资源、连接师生与学校；二是支撑作用，支撑教和学，创新教与学的过程，提高效率。国外发达国家高校教育管理信息化发展稍早，教育管理理念比较先进，其信息技术与人的融合、与教育的融合，以及信息技术在教育中的应用都比较突出，这对我国高校教育管理信息化的发展有着重要的借鉴意义。目前，各高校需要打破传统教育管理中的部门壁垒，冲破学校、领域、地域甚至国域等界限，积极创建协同创新机制与共享交互机制，全力践行新信息时代开放共享的理念，实现优质教育资源和数据资源的共建、共享与共通。

(二) "以用户为中心"的管理导向

目前，大部分高校的管理组织结构主要还是"以职能为中心"的划分，这种管理的组织结构看似使各部门的分工更加明确，但是实际上却造成了部门间协同办理能力的下降、业务流程交叉重复等问题，导致工作效率低下。所以，要解决这种问题就要坚持"以用户为中心"的管理导向，以学校管理信息化发展目标为指导，以业务流程为核心，将软件、硬件、服务融为一体，打造一个容易被广大

师生接受的、管理任务简化的、面向用户的简单易用、服务统一的集成化平台，真正实现人与人、人与技术、人与数据、人与资源的深度融合，推动学校教育管理模式的变革。该平台建立在学校门户网站的基础上，它是学校业务、教师管理和学生管理的扩展，可以为师生提供统一的身份认证、课程表查询、基本信息的登记、成绩查询和校园信息的查看等服务。

在高校，用户就是指所有的教职员工、学生，"以用户为中心"的导向就是要坚持在教育管理信息化的建设中，将教职员工和学生对信息化的需求、追求的信息化目标以及所要实现的信息化成果放在学校信息化规划的首位，要坚持教育管理信息化，减轻教学管理人员的工作压力、提高教师教学的质量、简化教师和学生办理业务的流程，提高整个学校而不是某个管理层的教育管理水平，这些才是高校要变革教育管理的目标。

二、加强高校教育管理信息化的顶层设计

顶层设计是自上而下的理性设计和规划，具有长远性、战略性、科学性的特点，是从整体的角度去思考一项工作或某个任务的结构、功能、要素等，来快速、有效地达成项目目标。高校要发展教育管理信息化，实现新信息时代教育管理的转型就需要制定完善的信息化发展机制、科学的发展规划以及民主的教育治理模式，这对各高校教育管理信息化有着重大的指导意义。

(一) 制定教育管理信息化发展战略规划

高校如何在现有条件和未来条件下实现战略既定目标，取决于高校教育管理信息化发展战略规划，加强教育管理信息化的顶层设计，就必须制定学校信息化发展战略规划，这样才能在后续教育管理信息化推进的过程中做到胸有成竹。中国古训："不谋万世者，不足谋一时；不谋全局者，不足谋一域。"站得高才能看得远，能更好地抓住主要矛盾、主要问题，把握正确的方向。统一规划、协调发展可以让基层的力量往一处使，避免资源浪费，更快、更好地实现远期愿景。高校教育管理信息化的发展是全校人员共同努力的目标，这就要求高校领导在制定信息化战略规划的时候，要有合作开放的思维，坚持可持续发展的原则，用战略发展的眼光去规划。目前，大部分高校在"智慧校园"的建设上投入了很大的热

情，"智慧校园"意味着要建立一个"高效、节能、智能"的绿色校园，这也需要在建设初期就要对各方面、各层次、各要素进行精心的设计和规划，如平台搭建、资源分配、利益划分、结构重组、评估体系等，要激发全员参与的积极性和主动性，加深人与技术的融合，体现新信息时代的人性化，提升高校教育管理效益的同时提高管理的质量。

(二)加强教育管理信息化组织领导

高校教育管理信息化的发展需要有专门的信息化管理机构来领导。从组织结构上看，高校需要重新调整领导机构，将单一的技术管理型的信息化部门转变为技术管理型与服务创新型的信息化部门，促进信息技术与教育管理和服务的深度融合，充分发挥信息技术在教育管理中的作用。美国已经有超过一半的高校设立了首席信息官，并使其参与到学校信息化发展规划的制定中，为学校领导层的科学管理提供信息服务的同时提供决策支持。不管是独立存在的首席信息官职位，还是兼职首席信息官头衔，各高校都要根据自身的实际情况，发挥他们在战略规划决策中的主导作用，实现学校教育管理信息化水平的显著提高。当然，一个合格的首席信息官不仅要有信息化系统规划和改革领导的能力，还要有积极主动的工作态度，做到对各种信息化政策及实施方案、意见等的上传下达。另外，顶层设计不是一成不变的，毕竟社会是一个动态系统，所以作为首席信息官要有足够的创新意识，要顺应时代的变化和发展，积极地推动工作创新，不管是技术创新还是应用创新。

(三)明确教育管理信息化发展的架构与制度规约

各高校教育管理信息化的发展必须有一个清晰的架构，确保数据采集、管理、使用、维护等各个环节能无缝连接、运行流畅，从而促进学校信息化建设的可持续发展。各高校可以在《国家中长期教育改革和发展规划纲要（2010—2020年）》精神的领导下，借鉴发达国家教育管理信息化发展的经验，来规划符合学校自身定位和发展实际的架构。坚持以"业务""问题"为导向，坚持建设与运行维护并重，明确教育管理信息化发展的战略目标，考虑全校人员的利益，提高实施方案的科学性和可操作性，实现建设效果的最大化。

教育管理信息化建设从初期到现阶段取得了一定的成果，各高校在对教学管理信息系统的创建研发中投入了大量的精力，但是与之相配套的制度建设却还不够完善，造成了信息系统在运行中出现各种不良现象，使数据的真实性和有效性损坏，影响了教学管理信息系统的有效运行，为此，在继续推进教育管理信息化的进程中必须健全相关的制度。首先，从信息系统技术层面来看，要制定统一、标准的数据信息编码规则，确保数据处理的规范、一致，避免由于数据格式混乱、内容含义表示不清晰而影响后续对数据的统计分析。其次，在系统运行的管理层方面，要制定针对各项教学事务的配套制度，对一切教育信息的使用进行严格的约束和正确的规范，确保信息系统运行的公正、透明和规范，同时建立各种服务事项办理流程的规章制度，便于对发布的信息进行监督，以此来促进整个的教育管理信息化建设规范、有序、持续地开展下去。

三、促进教育管理信息化的协同发展

协同发展是衡量教育管理信息化建设与发展水平的重要指标，既是当务之急，也是长远之策。研究指出，依赖关系、利益共同体和需求导向是教育管理信息化协同发展动力产生的条件，并根据动力作用源将教育管理信息化协同发展的动力划分为，以政策引导力、技术推动力、市场竞争力、文化渲染力和经济支持力等为核心的外部推动力，和以协同目标、协同动机、协同态度和协同能力等为核心的内部驱动力。从协同学视角来看，教育管理信息化动力作用机理是学校自组织与校外其他组织的耦合。在此基础上，构建教育管理信息化协同发展动力机制模型，并从协同理念、政策引领和多元服务模式等方面提出建议，以期为教育管理信息化协同发展提供参考。

众所周知，成功不是某一个人作用的结果，而是不同的个体相互协作的产物。同样，发展教育管理信息化并不是某个高校或者某个信息化部门的事情，而是整个国家、整个社会以及整个学校所有人的事情。所以，高校在教育管理信息化发展过程中，不仅要发挥领导层和各信息化管理岗位人员的作用，更要以信息化领导为核心，协同全体教职员工、学生的力量，共同促进学校教育管理信息化的转型，也只有全员的积极参与，才能使教育管理信息化的发展更加顺畅。

（一）教育管理信息化协同发展面临的挑战

教育管理信息化是实现教育现代化的有力保障，其协同发展是提升教育信息化应用水平和能力的重要途径，它既受外部环境与人工干预的影响，又受内部协同机制的制约。教育管理信息化的核心和重点是推进信息技术在教育教学中的深度应用，而仅依靠学校力量已不适应新时代教育改革与发展的需求，需要深度挖掘政府、企业和高校等主体间的协同效应与创新作用，围绕共同目标，权衡各方利益，通过主体间的信息流通、资源共享和持续的服务供给等方式来实现协同发展，全面推动教育信息化从 1.0 迈向 2.0 新时代。

从当前的教育管理信息化实践样态来看，教育管理信息化在城乡、校际和群体之间协同联动困难，在业务整合过程中部门间沟通困难、协同机制不健全等问题日益凸显，与新时代对教育管理信息化提出的应用驱动和融合创新的要求仍存在较大差距，一定程度上制约了教育管理信息化的发展水平。当前，教育管理信息化的协同发展面临以下挑战：

1. 政策规划的上传下达与协同推进

教育管理部门在教育管理信息化推进过程中对辖区学校的统筹规划，对具体政策落实的指导、跟踪与评估是其核心责任，而辖区学校是部门教育管理信息化政策具体落实的执行者。一方面，部分区域在统筹规划中未能从学校应用需求出发，在软硬件支持服务方面难以为学校提供个性化服务，导致上层规划与实际应用需求脱节。另一方面，部分区域在推进教育管理信息化实践中的领导力相对薄弱，导致多主体协同推进困难。

2. 优质资源的合理使用与共建共享

目前的数字教育资源数量虽大，但与学科教学相配套的资源缺乏，教师教研和备课过程中很难找到能够满足其教学需求的优质资源。区域内学校间以及区域间各学校的名师资源、特色资源的服务主体相对单一，在资源建设方面主要依靠学校教师，资源开发忽视了企业的技术优势和特色。此外，资源开发与使用的知识产权机制不明晰，优质资源共享流转困难。

3. 信息化应用水平的显著提升与融合创新

教育管理信息化的核心在于应用，应用的关键在于如何有效协同各主体来推进应用的深度和效率，但目前教育管理信息化发展进程中大投入没有大产出、高投资难以产生高效益的问题依然严峻，应用瓶颈仍然存在。此外，学校应用信息化教学的内部动力不足，外部动力滞后，大部分学校采取自上而下的推动形式，只有极少数学校能够从教学需求角度积极主动地尝试应用信息化。

4. 信息技术的支持服务能力与可持续发展

高水平的教育公共服务体系是教育现代化程度的一个重要标志，其支持与服务主体除了学校和政府外，企业、家庭等都将会成为教育管理信息化开展课题研究、探究新型教育理念与模式、提供持续的技术支持与服务的重要力量。而学校在选择教育服务产品和服务模式方面缺乏自主权，加上信息化企业类目繁杂，可持续的优质服务有待提升。

(二) 教育管理信息化协同发展的动力机制

动力机制是指事物发展过程中各种动力的作用原理、传导过程与内在联系，其本质是揭示事物各部分如何通过相互作用以实现整体最优化的运作方式。动力机制一般包括事物发展所需动力的产生条件、动力的形成、动力类型、推进事物发展的作用机理四层含义。

1. 教育管理信息化协同发展的动力产生条件

(1) 多主体相互依赖是教育管理信息化协同发展的前提

高水平的相互依赖是协同的前提条件。相互依赖是普遍存在的，教育管理信息化建设正逐步从传统的"自上而下"服从模式转变为"自上而下"与"自下而上"相结合的多主体协作模式，各主体为了实现各自目标而需要进行知识共享、资源交换和信息互动，形成相互依赖关系，实现教育管理信息化的协同发展。具体而言，包括政策规划上的相互依赖（表现为政策规划的发布与落实的执行力）、教育资源上的相互依赖（表现为资源的共建共享能力）和信息化应用上的相互依赖（表现为实际应用需求与所提供的教育产品的契合度）等。各主体间若没有广泛的联系、互动与依赖，便不会形成协同发展。同时，协同并不排斥竞争和冲突，相反，在联系与互动过程中产生的一些冲突可能会成为各主体形成依赖关系的基础。

（2）利益共同体视角下各主体目标的实现是教育管理信息化协同发展的契机

教育管理信息化在推进过程中涉及教育管理部门、企业和高校等多个参与主体的利益，各主体期望在实现各自目标的基础上达到利益最大化，获取协同价值，形成利益共同体。该过程是个体利益和群体利益博弈与重组的过程，最终形成能够促进教育管理信息化协同发展的绩效链。利益共同体的构建是维系教育管理信息化多主体协同发展的直接动力源。

（3）以需求为导向推进信息化是教育管理信息化协同发展的核心

以需求为导向的"自下而上"的主动应用信息化，不仅是未来信息技术与教育教学深度融合的必然趋势，也是教育管理信息化实现协同发展的核心。教育管理部门、企业和高校等主体需要通过广泛调研了解学校信息化教学应用和学生发展的实际需求，多途径、全方位地分析教与学的需求，为教师和学习者提供并创造能够满足其实际需求的产品或服务。

2. 教育管理信息化协同发展的动力形成

教育管理信息化是一个开放协同和多元发展的系统，各主体具有各自的核心能力。其中，区域教育管理部门根据国家教育方针，出台相关规划并协同有关部门推动教育管理信息化的实施与落地；高校根据国家教育信息化规划，结合区域教育现状，研究适合区域教育发展的新型教学模式和学习方式；企业对学校进行实际需求调研，结合高校的研究成果，开发适应学校发展所需的基础设施、数字资源和配套的支持服务；家庭为学校信息化提供支持；学校根据国家和区域教育规划，制订适合本校发展的方案，与企业协作获取资源与持续的支持服务。各主体投入各自资源并发挥各自核心能力，通过多元主体的优势互补与整合形成协同效应，其动力形成的方向和目标是教育管理信息化应用能力的逐步提升，并实现从应用向融合创新转型。

3. 教育管理信息化协同发展的动力类型

动力是推动事物运动和发展的力量，影响动力作用的要素是导致事物不平衡发展的主要原因。有学者从系统论和组织学等视角将协同发展的动力来源划分为内部驱动力和外部推动力。格特纳等运用系统论和组织学的原理与方法提出产学研协同创新的动力，包括市场的供需状况、政府政策的外部动力，以及合作方对利润追求的内部动力。周正等将产学研协同创新的动力具体化为以技术推动力、市场需求拉动力、市场竞争压力和政府支持力等为核心的外部动力因素，以及以利益驱动力、战略协同引导力、内部激励推动力和创新能力保障力等为核心的内部动力因素。教育管理信息化协同发展的动力是推动其发展的力量和根本原因。

（1）外部推动力：信息时代教育管理信息化协同发展的重要机遇

教育管理信息化协同发展的外部推动力，主要来自以政府主导的"自上而下"的推动，作为教育管理信息化发展规划的制定者，政府部门的教育信息化政策起着引导、推动和具体落实的作用。企业之间的良性竞争会促使教育产品在教育市场的自由选择中展开竞争，推动教育信息化的发展。高校对教育管理信息化的理论研究与实践为教育信息化的持续发展提供了文化环境。外部推动力是促进教育管理信息化协同发展的外生力量，具体包括政策引导力、技术推动力、市场竞争力、文化渲染力和经济支持力等。

（2）内部驱动力：需求导向之下教育管理信息化协同发展的自我演化

内部驱动力是教育管理信息化系统内部产生的驱动其发展的内生力量，也是教育管理信息化协同发展得以实现的根本和决定性力量。内部驱动力涉及各要素间的吸引与排斥、合作与竞争等，它从根本上决定着主体关系的格局和趋向。教育管理信息化推进过程中必须唤醒各参与主体的内部驱动力，从学校信息化实际需求出发，激发教师与学生积极主动应用信息技术的主观能动性，具体包括协同目标、协同动机、协同态度和协同能力等。

4. 教育管理信息化协同发展的动力作用机理

从组织力来源来看，组织力来自系统内部的是自组织，组织力来自系统外部的是他组织，一切系统都是自组织与他组织的某种统一体，任何系统均受内外因素双重作用的影响，任何一项组织活动都是自组织与他组织共同作用的结果。教育管理信息化作为一项复杂的系统工程亦是如此，涉及资源配置、跨部门的业务沟通和整合，需要多主体协同参与。教育管理信息化的发展源于学校自组织与校外他组织的协同，其动力作用机理是学校自组织与校外他组织的耦合。

教育管理信息化的协同发展所面临的诸多困难，在很大程度上归因于协同发展动力机制缺失。教育管理信息化体系中教育管理部门、高校、企业和家庭等主体通过权衡内部依赖关系、构建利益共同体和满足各自实际需求等前提条件，激发彼此合作活力，协同提供个性化的支持与服务。教育管理信息化协同发展是内部驱动力与外部推动力交互、协同作用的过程，二者相互作用共同构成教育管理信息化协同发展的动力组合。教育管理信息化协同发展的动力正是引发各主体间实现信息互联互通和资源共享流转的关键，通过要素间的协同激发内部驱动力和外部推动力之间的相互作用。在内外部动力的双重互动下，形成协同管理、协同教学、协同教研、协同科研和协同教育，最终达到教育管理信息化的协同发展并实现协同效应。

(三) 如何促进教育管理信息化的协同发展

1. 学校宏观领导

在高校教育管理信息化的协同发展机制中，学校领导层主要在顶层设计、制度建立、标准制定等的宏观方面发挥决策指导作用。首先，学校要加强相关规章制度的制定，以国家法律法规为准绳，确保本校教育管理信息化发展所有的战略规划和建设项目都是不违反法律、不越过道德界限、符合国家规范的。另外，在教育管理信息化发展过程中涉及个人隐私、信息安全和道德问题时，要保证对此类数据的保护，如遇到隐私被侵犯或者信息泄露等问题，必须正视并且合理解决，以促进信息技术的正确且合乎人伦的使用，发挥其作为工具和手段的正当价值。其次，学校领导层要明确本校教育管理信息化发展目标，做好顶层设计，对在教育管理信息化建设过程中出现的各类问题及时做出决策，并且期待反馈；同时，高校领导层要保证教育管理信息化建设的资金来源，确保各类基础设施的及时到位，系统资源的使用正常，后续发展的跟进。最后，要时刻关注国家对教育管理信息化的新政策和新要求，关注社会新动态，对教育管理信息化的总体规划做出对应的调整，保证学校的创新发展。

2. 各部门协同管理

教育管理信息化建设需要团队的协同作战，而团队的协同程度，影响着整个建设团队的工作绩效，关系到教育管理信息化建设的进展速度和建设目标的有效达成。在高校教育管理信息化的推动过程中，很多项目难以高效及时地完成，在很大程度上是各个部门之间缺乏协同管理造成的。目前高校教育管理信息化建设过程中除了存在有些学生、教师等不愿意积极参与教育管理信息化的建设外，很大的问题是部门之间沟通不畅，彼此之间不愿意信息共享；承担工作任务时相互推诿，不愿意合作完成。但是，教育管理信息化的建设需要多方参与，而各职能部门作为高校管理大军，进行跨部门的协同管理是发展教育管理信息化最有效的助力。

首先，在高校教育管理信息化建设的过程中，学校各行政管理部门要积极进行沟通，沟通的目的是消除误解、畅通渠道，达到传递信息的目的，并且在沟通的过程中可以就某个问题达成共识，并且双方都可以参与进去，最终就某一业务的流程进行重组并简化相应流程；其次，搭建跨部门协作的桥梁，建立跨部门协同机制和渠道，做到部门间沟通交流无障碍，数据信息交换共享畅通无阻，定时召开跨部门会议，及时解决问题；最后，各部门管理人员要树立服务的理念，明确为教学管理服务是各部门的根本价值所在，实现从管理型向服务型转变，形成职能部门为教学科研机构服务、党政权力为学术权力服务、管理人员为师生服务的大服务格局，同时，以服务为中心也是整个社会管理思想变革的趋势。当然，跨部门协同管理中肯定存在障碍，如部门之间的认知误解，部门职能的模糊地带，不容忽视的"部门墙"等，尤其一些业务事项既不完全属于"我"部门，又跟"你"部门有关系，处于几个部门的职能交叉地带，所以就造成"都不管地带"，要解决这些问题，就需要大家围绕一个重点，即找到学校教育管理信息化的战略目标、部门目标、项目目标、个人目标的同一方向，凝聚共识，梳理模糊地带，消除部门间的壁垒，达到协同管理的目的。

3. 加强校企合作

高校教育管理信息化建设项目是一项涉及面广且较为复杂的工作，具有投入大、风险高、周期长的特点，一旦项目建设失败，将会对高校造成巨大的损失，所以，要确保教育管理信息化的建设工作顺利进行、降低失败风险，很多高校都会选择与企业进行合作。在教育管理信息化发展过程中，高校对自身的业务管理更为熟悉，而企业在技术方面更为擅长，在信息系统和数据平台的建设方面水平更高。所以，高校要加强在教育管理信息化建设中与社会高水平企业的合作，增强学校信息化关键技术、重要产品的研发力，掌握技术主权。高校教育信息化建设软件的开发模式有定制开发模式、采购成熟商品软件模式和自主开发模式。定制开发的信息系统功能模块清晰，符合学校现有的管理流程，并且能很好地满足学校的个性化需求，但是缺点是开发周期长、缺乏成型参考，失败风险高。相反，成熟商品具有一定的稳定性、通用性和易维护性等，但是却不能完全满足高校个性化的管理需求。与之相比，最好的开发模式应该是由高校自行开发信息系统。因为，系统研发人员是高校人员，他们熟悉学校的管理流程，并且与学校管理层沟通交流较为容易，可以理解系统需求，同时节约了大量的产品购置费用和后期维护费用，但是，由于缺乏专业的软件开发团队，又缺乏软件开发经验，因此，以学校的技术力量则难以胜任大型复杂的信息系统开发项目。

由此看来，建立校企合作、创建校企联合软件开发模式是很有必要的。首先，寻找合适的、有实力的软件开发企业，然后与企业签订校企联合软件开发协议，成立校企联合软件研发中心，与企业建立深度合作关系。具体来讲，学校可以培养一支自己的技术团队，快速地学习企业先进的软件管理经验与软件开发技术。其次，以校企联合软件研发中心为载体，合作双方可以进行资源共享、优势互补，实现学校、企业、社会、学生多方共赢的目标。

四、高校教育管理信息化的实现路径

(一)创新高校教育管理体制

1. 高校教育管理体制的改革

管理系统包括三个方面的内容：隶属关系的确立、组织结构的建立和管理权限的划分。高校教育管理系统是指对高校教育管理的组织结构和权力归属进行划分，划分的时候既要注重培养目标的特殊性，又要体现教学水平，更要遵循教育教学规律。这隶属于大学的管理体制。传统的大学教育管理结构是金字塔型结构，是由官僚式组织结构形成的垂直自上而下模式，强调管理结构位于上层组织结构中的权威。教育机构是这方面的代表。教育家罗泰就曾经表示，学校里面，管理权集中在最顶端，权力集中分配，按等级分配。

在当今信息时代，学校的环境变得更复杂、更多样，这要求学校的管理方式既要多样化也要兼顾个性化。传统的教育管理体制不灵活，对于内外环境的变化应对不及时，过于僵化。新技术环境冲破了原有教育结构的刚性布局，僵化的条理信息传达形成了灵活多变的结构和扁平化的信息传递渠道。因此，对传统高校教育管理体制进行改革是有必要的。在改革过程中，人工智能提供了强有力的支持，为教育管理体制改革注入了新的活力，在学校管理组织体系中应用广泛。广大师生都是人工智能技术的拥有者，他们具备参与改革的知识和能力，是教育管理体制改革的领导者。同时，信息社会的到来，对教育管理者的素养提出了更高的要求。

2. 高校教育管理组织结构的变化

我们可以从以下几项对高校教育管理组织结构进行评价：责任性，组织的每个成员都应该对组织负责；适应性，组织要随时不断变化并进行革新；及时性，要及时完成工作，速度要快；响应性，对组织外部环境需求，要及时响应；效率，组织成员要可靠地完成任务，还要有最小的出错率，并且要考虑到资源的经济性，简单说就是又快又好。但是目前的高校教育管理组织结构是一种官僚主义，我们要改变目前的这种结构，这样才能提高高校教育管理的效率。根据以上几项的要求，需要一种扁平化的教育管理组织结构，对官僚制组织结构进行改革。高校教育管理是指要取消教学机构管理组织中的大部分中间管理层，加大管理组织的扁平化，以达到减少中层管理团队的目的。在大数据环境下，教育管理组织的扁平化是有可能的，也是有必要的。这有以下几点原因：对组织结构进行扁平化处理，有助于充分发挥基层管理人员的能动性，给他们以更广阔的发展空间；大量烦琐的、需要人来完成的工作，可以由计算机或者自动化设备完成；由于网络交互的特性，决策层和执行层的信息传递更加方便快捷，一些中间层管理机构可以取消，使得加强管理幅度成为可能。

3. 高校教育管理权限的重新划分

在高校教育管理的组织环境下大数据趋于简化，但组织关系更为复杂，这是因为缩减机构，降低管理人员的数量，导致机构之间、管理人员之间以及机构和管理人员之间的关系更为复杂。系统进一步发展后，会变得更加复杂。这时，如果日常管理权继续收归中央机构，它就变得难以维系，中央机构就必须把部分管理权下放到下层。

对于高校来说，高校管理属于宏观层面的管理，教学质量与高校管理的有效协调与控制有着密切的关系。因此，高校管理层应对整个学校的所有专业进行很强的管理，并施行对应方针政策，这样才能作为整个教学过程的有力保障者和支持者。管理的具体内容包括负责学校招生和分配工作，对全校教育管理的重大问题做出决策，制定学校教育管理规章制度，建立科学合理的教学质量评价体系，制订合理的培训计划，制订或修订教学计划的要求，对实习进行安排、对公共选修课和文化素质课进行安排，对学生进行管理，加强对教学科研所需的信息系统以及教学基础设施的建立。当然，在这些管理活动中，教师和学生的意见不容忽视。学校管理系统的职能首先是宏观管理，其次是为教学工作提供方便，最后是决策。我们应该注意到，这些管理活动在不同部门的分工不同，赋予各部门的权限也不同，怎么分工，如何赋权，值得探讨。学校（系）级各部门层面有自己比较完整的教学管理组织结构，如有多个部门和相应的教学秘书，有教务处，对学生的工作负有特殊的责任，还有分配学校教育经费、负责部门课程安排与教师安排的权力；制定更加详细的专业教学，如教学质量评价、各种考试的组织、实验设计和实践安排；负责学生的奖惩等处理以及院（系）、学校教学之间的协调问题等。在这一系列活动中，师生参与决策。

传统的教育管理权主要归校长和负责教学工作的副校长所有，教学活动在教学部门的领导下开展，教师听从院长的安排，按照同一教学纲领对学生进行知识的传授。然后教师布置要学习的各种知识，学生学会如何学习，至于要学什么，在教育管理中，谁也没有发言权。也就是说，教育管理的权威掌握在学校的领导的手中，教师和学生基本上没有这方面的权利。为了能够让教学活动变得既有效又有趣，应该将更多的权利和更多的自由给予教师、学生。首先，教师和学生在涉及教学层面的重大决策和决议时，都有评价权、提案权甚至决策权，而且这些权利应该设立具体的规章制度进行保障。其次，对于教师，他们可以选择教学对象、研究项目，并得出自己的结论；对于学生，在正确的方法指导下学习的前提下，具有选择选修课程的自由、选择相关的专业的自由、选择教师的自由和选择学习内容的自由，并且能够形成自己的自由思想，参与教育管理评价。

（二）改革和完善高校教育管理

1. 引入先进的管理思想

只有在先进管理思想的指导下，教育管理才能发展起来。在信息化时代，高校教育管理者除了要具备教育管理能力外，还应具备先进的管理思想。

第一，主动适应的思想。主动适应思想是指教育管理工作应主动适应社会发展需要对人才的培养，随时随地捕捉信息社会对人才的需求，及时调整教育管理思路，顺应时代的潮流。主动适应性思维将成为高校教育管理的指导思想，教育管理的主动适应性思维强调适度分权，针对内部要素和外部环境的变化采用灵活的态度来应对。

第二，"以人为本"的理念。学校管理的中心工作是教育教学管理。"以人为本"的管理理念，首先体现在管理过程中强调人的主体地位，使得教师和学生在工作与学习的过程中，参与管理活动的同时，也培养身心、提高能力、增长知识等。教师和学生的创新使其巨大的潜力得以发挥。因为学生是学习的主体，教师是教学的主体，他们的创造性、积极性思维，对提高教育管理的质量起着举足轻重的作用。因此，在管理过程中要以充分发挥和调动教师与学生的创造性和主观能动性为根本，在所有的管理活动要注意到各个方面，这样才能提高教学质量。

第三，全面质量管理思想。从根源上说，全面质量管理思想可以追溯到美国各公司的管理思想。全面质量管理，按国际标准化组织的定义是指"一个组织以质量为中心，以全员参与为基础，目的在于通过让顾客满意和本组织所有成员及社会受益而达到长期成功的途径"。在高等院校的教育管理中实行全面质量管理，主要包括以下几方面内容：全过程的质量管理。要保证以教育目标为中心，有序地开展教育教学活动，就要监督各个教育教学环节的质量，并对各环节的"接口"进行管理，确定各个环节达到预先设定的质量标准。全方位的质量管理。要进行综合性的管理，只要是影响或涉及教学质量环节的因素，就要考虑。如对后勤服务部门、管理部门自身等部门的工作质量进行管理，这些工作都会影响到教学质量和教学工作，这是我国高校的实际情况。全员的质量管理。学校的各个部门、每一位成员（包括全体教师和学生）都应该主动积极地参与质量管理，努力提高自己的工作质量，以培养高素质的专门人才。

2. 利用信息化手段改革教学计划的管理方式

要深化教学改革，第一步要做的就是改革教学计划。只有好的教学计划才能保证好的教学质量。制订好教学计划，是建立教学体系、安排教学任务、组织教学过程的基础。教学计划一般是在国家相应教育部门的指导下，考虑全局效益，由教育学家或相关人员独立制定的。教学计划都符合教学规律，一段时间内稳定不变，但长远来看，也要不断及时调整和修正，以适应社会的新发展、经济和科学技术的进步。

教育管理者还要改变传统的教学观念，及时修改和调整教学计划，原因有以下几点：一是从社会对人才的要求来看，因为当今科学技术对社会经济人才发展的要求越来越高，要综合社会对人才的要求来制订教学计划。二是从人才的成长来看，大学也只是学习的一个阶段，是终身学习的重要组成部分，而不是学习的终点。所以大学阶段，既要学好专业知识，更要学会学习，还要学会生存，学会共同生活，学会做事，也要注意创新能力和创造能力的培养。三是从整个世界来看，中国已经加入世界贸易组织，经济全球化的发展趋势迅猛，中国的人才要走向世界，在全球进行竞争，中国教育也要注意国际化人才的培养。

信息化时代要求我们紧跟时代潮流，准确预测社会对人才要求的改变，培养符合国家要求的人才。要达到这一目标，我们应该充分利用信息技术，制订教学计划，并对其实时监控和及时反馈，制定对教学方案的评价标准，尽量满足社会对人才的要求。

3. 改革学生的培养方式与管理模式

信息时代要求人才具有更高的素质，改革人才的培养方式和管理模式是必要的，信息技术为这项改革提供了条件，信息技术大数据环境下改革学生的培养方式主要体现在以下三个方面：

一是在教学中促进"参与式"的教学方法（也称合作教学或合作学习）。这种教学方法以提问式教学、开放性内容为特征，问题无标准答案，作业、论文也很少甚至没有，学生有充足的自由思考的时间和空间。利用网络技术和计算机技术收集相关信息来解答问题，通过对问题的解答过程来完成学习的过程。在这个过程中，学生不仅掌握了借助网络解答各种问题的能力，而且最后学会了与问题有关的知识。同时，针对学生自身的特点确立合适的培养目标，设计制订严格的学生学习计划，尽可能让每一个人都能得到很好的发展。

二是努力培养学生的社会实践能力，加强实践教学。很多情况下实践和实验资源的不足会影响实践教学的水平。那么在资源不足的情况下，应该怎么做？可以利用计算机和网络编制软件，这个软件具有虚拟实验室的功能，学生可以模拟操作。如利用计算机软件在虚拟实验室中解剖青蛙（数码青蛙）等。虚拟实验室的优点是成本低，而且实验失败，方便重来，学生可以反复练习，直到熟练掌握；也可以模拟实验现场肉眼不可见或实验过程非常危险或实验环境确实难以建立的情况，来尽量满足实验的要求。

三是鼓励学生跨学科学习，培养全面型人才。当今社会，随着信息技术的发展，新的学科不断涌现，这些学科大部分是由不同学科交叉形成的。建立交叉学科培养机制，搭建学生跨学科背景。在高校中，要创建跨学科教学的培养机制，可以借鉴国外成功的跨学科教学经验。具体实现过程如下，以培养计划为基础，为学生选定必修课程，这些课程是跨学科的，包括文学、理学、工学等多个领域，以此来培养学生的综合分析能力，激发学生的创新能力。要设置多种专业、多类课程，配备多名教师供学生选择，这样学生就能根据个人兴趣制定自己的培养目标，从而进行自主学习。让学生跨部门、跨专业、跨班进行学习。高校应完善相关课程，抓住交叉学科的新的增长点，组织多学科的力量开展教学，配备必要的教师，形成跨学科的教学模式，培养学生的创新意识，引导学生将其用于探索新的领域，全面发展自己。

在学生培养方式改革的基础上，学生的管理模式也发生了很大变化。目前，大多数高校实行学分制，这是在计划经济时代就形成的管理模式，灵活性不够，刚性太强，共同约束力也较多。在当今信息技术背景下，对学生的管理，高校更加提倡注重学生个性化的发展。教师管理系统以学生为中心，学生为主导，教师为辅助，建立学生服务中心。具体操作有：一是建立心理咨询、急救救援、工作研究、学习指导机制，更好地为学生服务；二是以学生宿舍为基础，取消班级，由8~15名学生与教师形成一个整体；三是由研究生或高年级优秀学生协助管理学生，为学生提供指导。这种管理模式可以实现学生的自我教育、自我管理、自我服务，有利于培养学生的综合能力，推动学生积极发展。

（三）加强课程教学管理改革

从某种意义上讲，课程比专业更重要，因为课程体现了专业。我们要给学生制作一桌丰盛的"宴席"，不仅要开出一个好的"菜单"，而且每种"菜"都至少得是爽口的。

在信息时代，知识变得越来越重要。高校课程体系优劣可以从以下几个方面进行评估：一是课程体系的整合，对不同学科之间的课程研究越深入，整合程度越大；二是课程体系的完整性，课程越多，内容越丰富，体系越完整；三是课程体系的可持续发展，其指科学技术的变化和发展，遵循社会课程体系，能够及时自我调整和自我更新；四是课程体系的平衡结构，指层次结构和内部关系之间的配合度。根据这些指标，在优化课程体系时，应该注意以下几点：

首先，注重更新教学内容，教学内容要具有思想性、科学性、前沿性和创新性。课程内容要及时更新，可以将最新的科学研究成果引入课程，激发学生的学习兴趣，通过课堂教学和网络教学相结合的方式，积极开展网上教学。

其次，要重视跨学科课程建设，重视理工类和文学类学科的相互渗透，密切关注综合学科和交叉学科的创建。还应该注意到教材方面存在的问题。目前教材内容陈旧，利用率不高，新教材选择余地少。经过对教材展开的调查，我们发现5年前写的，在本科教育教学的比例为50%，在3年前编写的教材占30%，新教材占比小。为解决这一问题，高校教育管理者应制定相应政策，指导和支持新教材的建设与使用。在师资培训方面，应加强师资队伍建设。

再次，要重视总结近年来课程体系改革和教学内容的成果与经验，并从中吸收有用的成分，积极扩展教学内容，进行教学改革。还应该增加课程的种类和数量。

最后，注重课程比例的合理设置。现如今高校基本实行学分制管理，学生的课程分为必修课和选修课，且必修课和选修课有各自的比例。目前选修课的占比比较低，有待提高。同时也可以在必修课程中加入选课系统，将选课义务机制引入课堂，使义务范围扩大，如数学、物理、计算机应用、英语课程有不同的等级，学生可以根据专业方向和自己的兴趣选择相应的课程。

(四)建立科学化和规范化的教学评价体系

教育评价中教学评价是至关重要的，教学评价需依据特定的教学目标于一定的教学系统中搜集信息、精确理解，再进行科学而全面的分析，从而使评价更客观，并使教学质量的提升有一个依托，也为改革提供一些凭据。教学评价具有重要的教学意义，它可以用来指导，也可以帮助决策，还能进行适当的反馈。基于提升教学的品质的目的，我国多数高校进行了教学改革，并主动进行了教学的评价。

依据高校教学的特点，教学评价的体系应当全面且多元化。对一个学校进行教学评价要有宏观的观点，对环境质量、办学水平以及专业人才进行全面的评价；对专业的学校和教学水平进行深入而全面的评价就是教学评价，主要应注意教学质量和办学特色；对综合素质进行一个微观状态下的过程的评价也是教学评价，而较为基础和重要的是高校教学的评估。此处说的是有关于课堂的教学评价。

依托现在的计算机和网络技术，使用软件对信息进行分析处理是现今通用的。还应有不同的评价标准，实行多元的评价。就学生而言，不同情况标准应不同，如学校、专业和年龄等。此为以下几个方面决定的：

第一，个别学生的多样性。个别学生差别甚大，不仅与先天遗传因素有关，后天的环境和教育因素也起作用，由于每个学生具有的独立意识和自己付出的努力不同，形成了独特的个体。

第二，不同来源的学生。在中国高等教育大众化这个过程中，社会上一些人进入学校，这个学生时期就不再一致了，对素质各异的学生的要求也是不同的。

第三，信息化所带来的信息获取途径的多样化。人类的教学信息的获取与交流已从重重力的报纸时代和重力的广播电视时代发展到零重力的数字信息时代，人们可以自由地进行信息交流，就像宇航员在太空失重环境中身体可向任何一个方向移动一样容易。

第四，教学评价方法。现今，存在多种教学评价方法，像定性和定量评价、综合评价和专项评价、诊断性评价和总结性评价等。不管哪种评价方式，都应该特别关注几点：一是固定时期的评价综合考虑；二是定性定量评价相结合；三是客观评价和自我评价相组合；四是与毕业考核联系起来；五是评价与评估的全面考虑；六是评价成果要与教学结果挂钩。

参考文献

［1］ 孙小龙. 制度关怀塑造大学生全面发展 高等教育管理内涵式探究 ［M］. 北京：新华出版社，2023.

［2］ 杨崇崇. 高等教育管理与实践应用 ［M］. 长春：吉林出版集团股份有限公司，2023.

［3］ 王迎. 高等教育管理与教学创新研究 ［M］. 哈尔滨：黑龙江科学技术出版社，2023.

［4］ 刘子卉，费燕琴，赵双兰. 当代高等教育管理与实践研究 ［M］. 北京：中国纺织出版社，2023.

［5］ 郭彩华，吕京. 高等教育管理与教学创新研究 ［M］. 北京：经济管理出版社，2023.

［6］ 宋薇. 高等教育管理理论与实践研究 ［M］. 延吉：延边大学出版社，2023.

［7］ 陈艳. 教育管理的理论探索与研究 ［M］. 延吉：延边大学出版社，2023.

［8］ 张燕，安欣，胡均法. 现代高校教育管理与教学创新研究 ［M］. 天津：天津科学技术出版社；天津出版传媒集团，2023.

［9］ 周非，麻爱彦，李江红. 教育管理与教学质量提升研究 ［M］. 哈尔滨：哈尔滨出版社，2023.

［10］ 张亚军. 教育前沿高等教育管理理论与创新研究 ［M］. 沈阳：辽宁大学出版社，2023.

［11］ 刘爱萍. 我国高等教育管理路径选择与实践策略研究 ［M］. 北京：中国商业出版社，2022.

［12］ 杨丽丽. 新时期高等教育质量管理改革与创新研究 ［M］. 北京：中国书籍出版社，2022.

［13］ 李博. 教育管理案例分析 ［M］. 长春：吉林出版集团股份有限公司，2022.

［14］ 卢波. 教育管理理论与实践研究 ［M］. 长春：吉林出版集团股份有限公

司，2022.

［15］单林波. 高校教育管理体系构建研究［M］. 北京：首都师范大学出版社，2022.

［16］倪萍，闫红，张玉洋. 信息化视角与学生教育管理研究［M］. 长春：吉林出版集团股份有限公司，2022.

［17］戴月舟. 新时代高校教育管理与创新研究［M］. 汕头：汕头大学出版社，2022.

［18］韦兵余，陈迎春，闫俊凤. 学校教育管理与教学艺术［M］. 长春：吉林科学技术出版社，2022.

［19］郝福锦. 大数据技术在高校教育管理中的应用研究［M］. 北京：中国原子能出版社，2022.

［20］刘苗，赵其勉，杨蓓. 大数据时代高校学生教育管理工作的创新研究［M］. 长春：吉林出版集团股份有限公司，2022.

［21］范良辰. 大数据环境下高校教育管理信息化改革研究［M］. 北京：中国原子能出版社，2022.

［22］陈燕. 高等教育管理理论与效率提升策略研究［M］. 长春：吉林教育出版社，2021.

［23］别敦荣. 高等教育管理探微［M］. 厦门：厦门大学出版社，2021.

［24］李洪霞. 高等院校学生教育管理研究与实践［M］. 北京：北京工业大学出版社，2021.

［25］赵玉玲. 高等教育管理与教学模式创新探索［M］. 长春：吉林教育出版社，2021.

［26］于腾腾. 高等教育管理艺术与创新发展研究［M］. 长春：吉林教育出版社，2021.

［27］谢爱林，江雯斐. 高等教育管理与教学创新研究［M］. 长春：吉林教育出版社，2021.

［28］徐倩. 高等教育管理与大学生艺术素质培养策略［M］. 长春：吉林教育出版社，2021.

［29］关晓铭，张新勤，禹铭铮. 大数据时代高等教育管理创新研究［M］. 长

春：吉林教育出版社，2021.

[30] 奉中华，张巍，仲心. 大学生教育管理的创新与实践研究 [M]. 长春：吉林人民出版社，2021.

[31] 洪剑锋，屈先蓉，杨芳. 互联网时代下高校教育管理与评价创新 [M]. 延吉：延边大学出版社，2021.

[32] 刘鑫军，孙亚东. 互联网时代高校教育管理模式改革与实践研究 [M]. 长春：吉林人民出版社，2021.

[33] 卢保娣. 大数据时代高校教育管理及其信息化建设 [M]. 长春：吉林大学出版社，2021.